Grundkurs Psychologie

Erarbeitet von
Gislinde Bovet
und Helmut Frommer

Cornelsen

Umschlaggestaltung: nach Entwürfen von Peter J. Kahrl, Neustadt/Wied
Satz: Satz-Zentrum West, Dortmund

1. Auflage　　　　　Druck 11 10 9　　Jahr 01 2000 99

Alle Drucke dieser Auflage können im Unterricht nebeneinander verwendet werden.

© 1993 Cornelsen Verlag, Berlin
(erschienen 1988 im Cornelsen Verlag Schwann-Girardet, Düsseldorf)
Das Werk und seine Teile sind urheberrechtlich geschützt.
Jede Verwertung in anderen als den gesetzlich zugelassenen Fällen
bedarf deshalb der vorherigen schriftlichen Einwilligung des Verlages.

Druck: Druck-Centrum Fürst, Berlin

ISBN 3-590-12608-6

Bestellnummer 126086

 gedruckt auf säurefreiem Papier, umweltschonend hergestellt aus chlorfrei gebleichten Faserstoffen

Vorwort

Der Grundkurs in Psychologie erfreut sich als neues Oberstufenfach immer größerer Beliebtheit bei den Schülern. Trotzdem fehlte bisher ein gründliches und gleichzeitig knappes, handliches Schulbuch, das die wichtigsten Kapitel der Allgemeinen Psychologie behandelt.

Die Einführung in das Fach geschieht anhand einiger ausgewählter Inhalte, die das Grundlagenwissen der Psychologie repräsentieren, die aber auch für Jugendliche von größerem persönlichen Interesse sein können: Wahrnehmung, Lernen, Motivation und Gruppe. Dabei wird darauf geachet, daß möglichst viele Einblicke in die methodischen Vorgehensweisen und in die historischen Zusammenhänge gegeben werden. Auch tiefenpsychologische Ansätze werden, wenn die Thematik es nahelegt, in die Darstellung mit einbezogen.

Das vorliegende Lehrbuch soll den Unterricht im Fach Psychologie begleiten, nicht ersetzen. Die einzelnen Abschnitte sind so aufgebaut, daß ein Oberstufenschüler bei gründlichem Lesen die wesentlichen Inhalte vermittelt bekommt und Einsicht in die Zusammenhänge gewinnt. Der Psychologieunterricht selbst sollte durch die Benutzung des Lehrbuchs vom Zwang zur Systematik befreit werden; gleichzeitig wird Lehrern und Schülern der Weg zur individuellen Betonung bestimmter Inhalte freigemacht. Mit der Benutzung des Lehrbuchs wird es auch möglich, den Lehrervortrag mehr in den Hintergrund treten zu lassen zugunsten von Gruppenarbeit, praktischen Übungen, Demonstrationen und Experimenten.

Wir wünschen uns, daß das Buch die Freude am Unterricht steigert, vielleicht auch dem einen Schüler bei eigenen Schwierigkeiten, dem anderen bei seiner Berufswahl hilft.

Rottweil, im Januar 1988
Die Verfasser

Inhalt

I. EINFÜHRUNG: PSYCHOLOGIE IN STUDIUM UND BERUF
    1. Die Voraussetzungen zum Studium 9   2. Der Aufbau des Studiums 11   3. Der Gegenstand der Psychologie 12   4. Psychologie als Beruf 13   5. Zum Inhalt des Lehrbuchs 14

II. WAHRNEHMUNG
  A. Die geschichtliche Entwicklung der Wahrnehmungspsychologie 16
    1. Die Anfänge 16   2. Der Einfluß der Gestaltpsychologie 17
  B. Die Bedeutung der Wahrnehmungspsychologie 18
    1. Der experimentelle Zugang 18   2. Wahrnehmen als lebensnotwendiger Vorgang 20   3. Weitere Gründe für die Beschäftigung mit Wahrnehmung 20
  C. Definition: Wahrnehmen 22
  D. Unterschiedliche Wahrnehmungswelten 23
    1. Die Wahrnehmungswelten niederer Tiere 23   2. Blindheit 24   3. Farbenblindheit 25   4. Wahrnehmung und Realität 25
  E. Die Strukturierung der Wahrnehmung 26
    1. Physiologische Grundlagen 26   2. Die Gestaltgesetze 27   3. Die gute Gestalt 31
  F. Wahrnehmungskonstanzen 32
    1. Größenkonstanz 32   2. Form- und Helligkeitskonstanz 34
  G. Geometrisch-optische Täuschungen 35
    1. Wie man sich täuschen kann 35   2. Gestaltpsychologische Erklärung 35   3. Erfahrung als Täuschungsursache 36
  H. Aufmerksamkeit 37
    1. Aufmerksames Wahrnehmen 37   2. Analyse-durch-Synthese 38   3. Unbewußte Vorverarbeitung 39   4. Aufmerksamkeitserregende Reize 39
  I. Der Einfluß sozialer Determinanten auf die Wahrnehmung 40
    1. Erwartungen und Einstellungen 40   2. Bedürfnisse und Gefühle 41   3. Die Wahrnehmungshypothese 42   4. Wahrnehmungsabwehr 42
  K. Die Wahrnehmung des menschlichen Gesichts 43
    1. Gesichtszüge 43   2. Mimische Reaktionen 45   3. Körpersprache 45
  L. Eindrucksbildung und Beurteilungsfehler 46
    1. Die Asch-Experimente 46   2. Implizite Persönlichkeitstheorien 47   3. Wichtige Beurteilungstendenzen 48
  M. Attribuierungen und Erwartungseffekte 49
    1. Internale und externale Attribuierung 49   2. Die Rosenthal-Experimente 50

Inhalt 7

III. LERNEN
A. Definition des Lernens 52
B. Verschiedene Lernprozesse 53
   1. Intentionales und beiläufiges Lernen 53   2. Lernen mit und ohne Einsicht 53
   3. Lernen von Handlungsabläufen 54   4. Psychologische Lerntheorien 54
C. Klassisches Konditionieren 55
   1. Grundlegendes Experiment 55   2. Beschreibung der Theorie 56
   3. Klassisches Konditionieren beim Menschen 57
D. Instrumentelles Konditionieren 58
   1. Grundlegende Experimente 58   2. Beschreibung der Theorie 59
   3. Beispiele: Umerziehung von Kindern 60   4. Programmiertes Lernen 61
E. Konditionierung und Löschung von Furcht/Angst 62
   1. Zweifaktorentheorie 62   2. Systematische Desensibilisierung 62
F. Das Beobachtungslernen 64
   1. Das Filmexperiment von BANDURA 64   2. Beschreibung der Theorie 64
   3. Beispiele zum Beobachtungslernen 66
G. Kognitive Lerntheorien 67
   1. KÖHLERs Affenversuche als grundlegendes Experiment 67
   2. Beschreibung der Theorie 67   3. Beispiele für einsichtiges Lernen 70
H. Behalten und Vergessen 71
   1. Gedächtnisforschung 71   2. Gedächtnismodell 74
I. Lerntechniken 76
   1. Lernumgebung 76   2. Lernzeit 77   3. Förderung der Konzentration 77
   4. Lernpausen 78   5. Erhöhung der Lernmotivation 78   6. Das Lernen von Texten 79

IV. MOTIVATION
A. Zur Geschichte der Motivationspsychologie 80
   1. Instinkte als Erklärungsmöglichkeit 80   2. Triebe als Erklärungsmöglichkeit 81
   3. Anziehungs- und Abstoßungskräfte als Erklärungsmöglichkeit 82
B. Motive 83
   1. Definition und Arten 83   2. Eine Hierarchie von Motiven 84
C. Motivation 85
   1. Gegenwärtige Fragestellungen 85   2. Definition von Motivation 85
   3. Bewußte und unbewußte Motivation 86   4. Intrinsische und extrinsische Motivation 87   5. Zwischenbilanz und Ausblick 87
D. Hunger 88
   1. Das Prinzip der Homöostase 88   2. Die Entstehung des Hungergefühls 89
   3. Das Problem des Übergewichts 91   4. Das Problem der Unterernährung 93
E. Das Bedürfnis nach Kontakt 94
   1. Die Entstehung und Entwicklung des Kontaktbedürfnisses 94   2. Die Bedeutung des Kontaktbedürfnisses für die Identität 96   3. Die unterschiedliche Stärke des Kontaktbedürfnisses 97

F. Das Leistungsmotiv 100
   1. Die Wurzeln des Leistungsmotivs 100 2. Extrinsische und intrinsische Leistungsmotivation 102 3. Erfolgsorientierung und Mißerfolgsängstlichkeit 103 4. Die Veränderung der Leistungsmotivation 104

G. Angst 106
   1. Die Entstehung von Angst 107 2. Das Zusammenspiel von körperlichen und geistigen Prozessen 108 3. Lernleistung und Angst 109 4. Die Abwehrmechanismen 110 5. Über den Umgang mit psychologischen Etiketten 112

V. GRUPPE

A. Einführung und Überblick 113

B. Definition und Arten 114
   1. Gruppenmerkmale 114 2. Gruppeneinteilung 115 3. Abgrenzungen 115

C. Entstehung von Gruppen 116
   1. Die Ausgangssituation 116 2. Die Phasen der Gruppenbildung 117 3. Bedingungen des Gruppengeschehens 118

D. Gruppe und Rolle 120
   1. Die soziale Rolle 120 2. Rangordnung 120 3. Rolle und sozialer Status 121 4. Rollenerwartung – Rolleninterpretation – Rollendistanzierung 122 5. Rollenkonflikte 123

E. Werte und Normen 124
   1. Arten 124 2. Internalisierung 125 3. Soziale Kontrolle 126

F. Interaktion 127
   1. Kommunikation als Voraussetzung 127 2. Konformität 128 3. Gruppenentscheidung 129 4. Felduntersuchung zur Gruppenbildung und -veränderung 129

G. Gruppenstruktur 131
   1. Das Soziogramm 131 2. Typische Figuren und Positionen 133 3. Diagnose und Therapie 133

H. Gruppenführung 134
   1. Die Führerrolle 134 2. Die Führungsstile 135 3. Führung und Autorität 135 4. Exkurs: Das MILGRAM-Experiment 136

I. Gruppe und Leistung 138
   1. Prinzip des statistischen Fehlerausgleichs 138 2. Kräfteaddition 139 3. Suchleistung der Gruppe 139 4. Bestimmungsleistung der Gruppe 140

K. Lernen in Gruppen 141

Glossar 144

Empfohlene Literatur 148

Literaturverzeichnis 149

Quellenverzeichnis der Abbildungen 152

I. Einführung: Psychologie in Studium und Beruf

Dieses Einführungskapitel gibt ein Gespräch wieder, das die Verfasser mit einer Psychologiestudentin führten. Die Studentin berichtet, welche Voraussetzungen man für das Studium mitbringen sollte, wie es aufgebaut ist und womit es sich befaßt. Sie beschreibt aber auch Persönliches, z. B. ihre anfänglichen Erwartungen an das Fach und die Einstellungen, die sie heute zur Psychologie und zum Psychologiestudium hat. Das Gespräch endet mit einer kurzen Darstellung der verschiedenen Arbeitsfelder von Psychologen und der verschiedenen „Psycho-Berufe", die alle ähnlich klingen, aber doch etwas sehr Unterschiedliches bedeuten. Abschließend werden Auswahl, Aufbau und Inhalt der Kapitel II bis V kurz erläutert.

1. Die Voraussetzungen zum Psychologiestudium

Silvia: „Ich will mich erst einmal vorstellen: Ich bin 23 Jahre alt und studiere im siebten Semester Psychologie im Hauptfach. Ich habe zuerst sechs Semester lang in Bonn studiert. Jetzt bin ich an der Universität in Heidelberg und werde dort voraussichtlich auch bis zum Abschlußexamen, bis zum Diplom bleiben."

Verf.: „Können Sie einmal beschreiben, wie Sie zur Psychologie kamen?"

Silvia: „In der 12. Klasse Gymnasium habe ich zwei Grundkurse gemacht. Da habe ich zum erstenmal Genaueres über Psychologie gehört und daß man das auch studieren kann. Das Fach hat mir gut gefallen, und ich habe damals auch angefangen, psychologische Bücher zu lesen. Es hat mich fasziniert, wie die Psychologen menschliches Erleben und Verhalten zu beschreiben und zu erklären versuchen. Das ist eine ganz eigene Art des Denkens, die auch mit Wissenschaftsmethodik zu tun hat. Wie packt man bestimmte Fragen zum menschlichen Verhalten in einen Untersuchungsansatz? Solche Überlegungen können sehr schwierig und spannend sein.

Hinzu kam, daß ich nach dem Abitur ein Jahr als Au-pair-Mädchen im Ausland gearbeitet habe. Da habe ich ein Buch über eine psychiatrische Klinik gelesen; in diesem Buch wurde beschrieben, wie nah abweichendes und verrücktes Verhalten bei dem liegt, was wir normal nennen. Das hat mich auch sehr beeindruckt, und ich wollte mehr darüber wissen, ob die Grenzen zwischen normal und verrückt wirklich verschwimmen."

Verf.: „Wie sind Sie dann vorgegangen, nachdem Sie Psychologie als Studienfach ins Auge gefaßt hatten?"

Silvia: „Ich hab' mir über die zentrale Studienberatung bei der ZVS Unterlagen besorgt und auch die Fachschaften der verschiedenen Universitäten angeschrieben, um mich über die jeweiligen Schwerpunkte zu informieren. Dann habe ich beschlossen, mich nach Bonn zu bewerben."

Verf.: „Welche Voraussetzungen muß man denn heute erfüllen, um einen Studienplatz in Psychologie zu bekommen?"

Silvia: „Eine Abitursnote zwischen 1,9 und 2,2. Das variiert je nach dem Bundesland, aus dem man kommt, und nach der Zahl der freien Studienplätze. Daß man an den Ort kommt, den man sich ausgesucht hat, kann man nur hoffen. Viele werden auch ganz woanders hingeschickt."

Verf.: „Und was muß man an Fähigkeiten oder Kenntnissen mitbringen, damit man im Studium zurechtkommt?"

Silvia: „Neben den formalen Zulassungskriterien braucht man als Voraussetzung gute *Englischkenntnisse*. Die sind ganz wichtig, weil der größte Teil der Fachliteratur in Englisch publiziert wird, und die Professoren sehen es gern, wenn man die Originalliteratur kennt. Man ist dann einfach genauer informiert, als wenn man immer nur auf die verkürzte Sekundärliteratur zurückgreift.

Dann sind gute *Mathematikkenntnisse* sehr nützlich. Die braucht man für die Versuchsplanung, für die Testtheorie und vor allem für die statistische Auswertung von Daten, die in der Psychologie ja in rauhen Mengen anfallen. Man bekommt die dafür notwendigen Verfahren natürlich an der Uni beigebracht, aber mit guten Vorkenntnissen in Mathematik lernt sich das einfach leichter. Zumindest sollte man keine Angst vor Formeln und Zahlen haben. Von Nutzen sind auch *EDV-Kenntnisse*, man kommt daran nicht mehr vorbei. Aber das kann man auch an der Uni lernen.

Dann finde ich persönlich Vorkenntnisse aus der *Philosophie* wichtig für das Psychologiestudium. Die Psychologie ist ja auch aus der Philosophie heraus entstanden. Wenn man diese philosophischen Wurzeln etwas genauer kennt, dann geht man mit viel mehr Verständnis an bestimmte psychologische Texte oder Themenbereiche heran."

2. Der Aufbau des Studiums

Verf.: „Und wie ist das Studium heute aufgebaut? Wie lange studiert man normalerweise Psychologie?"

Silvia: „Zuerst mal zur Studienzeit: Acht Semester sind Vorschrift, anschließend nochmal ein bis zwei Semester für Prüfungen und Diplomarbeit. Tatsächlich braucht man insgesamt aber zwölf bis dreizehn Semester. Das dürfte der Durchschnitt sein. Das Studium gliedert sich in zwei Abschnitte, und zwar in das Grundstudium bis zum Vordiplom und in das anschließende Hauptstudium, das man mit dem Diplom abschließt."

Verf.: „Was lernt man im Grundstudium?"

Silvia: „Das Grundstudium dauert vier bis fünf Semester, und man lernt *Allgemeine Psychologie* mit den Bereichen Wahrnehmung, Denken, Lernen, Gedächtnis, Sprache, Emotion und Motivation. Neben der Allgemeinen Psychologie treibt man auch noch *Entwicklungspsychologie, Sozialpsychologie, Persönlichkeitspsychologie* und *Methodenlehre*. Dann auch noch *Physiologie* mit dem Schwerpunkt Nervensystem und Gehirn. In diesen Fächern wird man auch im Vordiplom geprüft, entweder in Klausuren oder in mündlichen Prüfungen.

Aber es ist klar, daß man im Grundstudium noch nicht so sehr in die Tiefe gehen kann. Dafür ist der Stoff einfach zu umfangreich angelegt. Es ist mehr eine erste Orientierung. Trotzdem muß man sehr hart arbeiten, um das zu packen."

Verf.: „Und wie geht es dann nach dem Vordiplom weiter?"

Silvia: „Dann kommt das Hauptstudium; es dauert sechs bis acht Semester. Es umfaßt verschiedene Bereiche, die man alle belegen muß; aber innerhalb dieser Bereiche kann man sich spezialisieren. Ein Bereich ist die *Grundlagenvertiefung*. Da werden einzelne Fächer, die man im Grundstudium hatte, eben vertieft. Ein anderer Bereich ist der der Anwendung; er umfaßt die *Klinische Psychologie* – das ist das, was man sich als Laie gewöhnlich unter Psychologie vorstellt, nämlich abweichendes und krankhaftes Erleben und Verhalten. Da geht es z. B. um Neurosen, Psychosen, frühkindliche Entwicklungsstörungen und ähnliches. Zum *Bereich Anwendung* gehören aber auch die Markt- und Organisationspsychologie, die Betriebspsychologie, die Werbepsychologie, die Verkehrspsychologie und die forensische, d. h. die gerichtliche Psychologie.

Ein dritter Bereich nennt sich *Methoden*. Da geht es um Behandlungs- und Therapieformen und um Diagnostik, also auch um Tests ganz verschiedener Art. Weiterhin wird natürlich die Methodenlehre selbst, die man ja auch schon im Grundstudium hatte, vertieft. Dann kommt noch ein *Nebenfach*, das man belegen muß. Man kann z. B. Philosophie, Physiologie, Informatik, Mathematik, Physik, Psychopathologie, Psychosomatik oder auch noch andere Fächer wählen."

Verf.: „Was haben Sie für ein Nebenfach?"

Silvia: „Ich habe zwei Nebenfächer, Psychopathologie und Psychosomatik. Wichtig ist, daß man sich möglichst schon im ersten Semester erkundigt, welche Nebenfächer angeboten werden und wie lange man die studieren muß. Das ist nämlich sehr unterschiedlich von Fach zu Fach. Und dann sollte man sich natürlich ein Nebenfach auswählen, das einem das bietet, was man in der Psychologie vermißt, vielleicht Mathematik oder Physiologie, wenn man klare, exakte Aussagen mag und die in der Psychologie nicht findet."

Verf.: „Und nach elf, zwölf oder dreizehn Semestern macht man dann sein Diplom?"

Silvia: „Ja, aber vorher muß man noch in den Ferien drei *Praktika* ablegen, jedes sechs Wochen lang. Man arbeitet da unter Aufsicht eines Psychologen in ganz verschiedenen Bereichen, eben wo Psychologen so eingesetzt werden. Am Ende des Studiums macht man dann seine mündlichen Prüfungen und schreibt anschließend eine Diplomarbeit, die noch einmal sechs bis zehn Monate dauert. Der Diplomarbeit muß eine eigenständige, empirische Untersuchung zugrundeliegen."

3. Der Gegenstand der Psychologie

Verf.: „Könnten Sie einmal versuchen zu umreißen, was Psychologie ist? Was ist ihr Gegenstand?"

Silvia: „Eine offizielle Handbuchdefinition lautet: Psychologie ist die Lehre vom Erleben und Verhalten der Person über die gesamte Lebensspanne hinweg, also von der Geburt – oder auch noch früher – bis zum Tod. Psychologie wird heute gesehen als eine *empirische* Wissenschaft – diese Bezeichnung bezieht sich auf die Methoden, mit denen man arbeitet, nicht auf den Gegenstand. Empirisch heißt, daß sie mit Daten arbeitet, die erfahrbar oder beobachtbar sind. Die Psychologie kann ihre Aussagen belegen und geht nicht vom Glauben oder Meinen aus. Das sind offizielle Beschreibungen der Psychologie.

Für mich ist Psychologie aber mehr. Wenn man Psychologie betreibt, hat man nämlich ein bestimmtes Menschenbild, eine bestimmte Anschauung vom Menschen. Psychologie betreiben heißt, daß man Interesse an Menschen hat und es für wichtig erachtet zu wissen, wie Menschen funktionieren, und zwar nicht aus biochemischer oder physikalischer Sicht. Man akzeptiert das Psychische in seiner ganzen Differenziertheit und erkennt es als etwas an, das für das Verstehen von menschlichen Reaktionen, z. B. auch für alle Krankheiten, ungeheuer wichtig und bedeutsam ist."

Verf.: „Wenn man Sie reden hört, spürt man, daß Sie das Fach mögen. Aber es gibt viele, die vom Psychologiestudium enttäuscht sind und es wieder aufgeben."

Silvia: „Ja. Sie erwarten zuviel. Die Psychologie liefert einem nicht die letzten Weisheiten, die man immer sucht. Sie ist ein sehr nüchternes, trockenes Fach und auch längst nicht immer so praxisbezogen, wie man sich das wünscht.

Außerdem hilft sie wenig bei der Lösung der eigenen Probleme, weil man nicht genug Distanz zu sich selbst hat und weil etwas verstehen und etwas ändern auch nicht dasselbe ist. Bei Studienanfängern schafft sie im Gegenteil oft neue Probleme. Wenn man in die Psychologie eintaucht und beginnt, über sich selbst, seine Entwicklung und sein soziales Umfeld nachzudenken, dann kann einen das ganz schön unsicher machen."

Verf.: „Hatten Sie auch solche falschen Erwartungen an die Psychologie?"

Silvia: „Natürlich – ich habe gedacht, ich bekomme in kürzester Zeit beigebracht, wie ich anderen Menschen helfen kann. Aber ich habe bald begriffen, daß das nicht geht.

Trotzdem – das, was ich jetzt mache, finde ich sehr wichtig. Ich lerne, mir psychologische Informationen zu beschaffen und sie zu beurteilen. Ich lerne, psychologisch zu fragen, zu forschen, und langsam lerne ich auch zu helfen. Ich habe verstanden, daß die Universität mir nur ein ganz kleines Rüstzeug dafür geben kann. Das meiste muß ich mir jetzt und auch später selbst erarbeiten, durch sehr viel Lesen, therapeutische Zusatzausbildungen und natürlich durch konkrete, praktische Erfahrungen."

4. Psychologie als Beruf

Verf.: „Wie sind denn die Berufsaussichten für Psychologen?"

Silvia: „Das weiß wohl inzwischen jeder, daß es da ganz schlecht aussieht, besonders für Berufsanfänger. Auf eine Stellenausschreibung sollen 250 Bewerbungen kommen. Aber man kann sich davon ja nicht ständig Angst machen lassen. Ich studiere jetzt mit einiger Freude und Ernsthaftigkeit – was dann folgt, das lasse ich auf mich zukommen. Es ist wichtig, daß man mobil ist und sich nicht auf eine Stadt oder eine Region festlegt. Genau so wichtig ist es, daß man sich schon während des Studiums Zusatzausbildungen holt, sei es durch die ehrenamtliche Tätigkeit in einer Beratungsstelle, durch Wochenendseminare mit Therapieausbildung oder was immer sonst sich da anbietet. Das bringt Praxiserfahrungen, die man für eine feste Stelle braucht, und manchmal auch die dafür notwendigen Kontakte. Ich selbst nehme z. B. an Gesprächsgruppen mit alten Menschen aus dem Altersheim teil; ich leite diese Gruppen hin und wieder und werte die Gespräche anschließend aus."

Verf.: „Vielen Dank, Silvia."

Wir möchten noch etwas hinzufügen: Wenn es genug Stellen gäbe, dann wäre das Feld, auf dem man als Psychologe arbeiten könnte, sehr weit. Man könnte lehren oder forschen, man könnte in die verschiedensten Beratungsstellen gehen – Ehe-, Lebens-, Erziehungs-, Drogenberatung – oder in die Personalbüros, in die Werbung, in Planungsbüros, in Kliniken und Arztpraxen. Man kann natürlich auch eine eigene Praxis aufmachen. Dazu entschließen sich viele junge Psychologen, die keine Stelle finden. Aber sie haben es sehr schwer, denn der Markt ist gesättigt, und ihre Honorare werden nicht von den Kassen übernommen. Sie sind also auf privat zahlende Klienten angewiesen.

Schließlich möchten wir noch über verschiedene andere „Psycho-Berufe" aufklären, die von Laien immer wieder verwechselt werden. Ein *Psychotherapeut* ist ein Psychologe oder ein Arzt mit einer therapeutischen Zusatzausbildung, etwa in Gesprächstherapie, Verhaltenstherapie oder Psychoanalyse. Ein *Psychiater* ist ein Facharzt für schwere psychische Erkrankungen. Er arbeitet viel mit Medikamenten, was die Psychotherapeuten wenig tun oder, wenn sie Psychologen sind, gar nicht tun dürfen. Ein *Psychoanalytiker* schließlich ist ein spezieller Psychotherapeut, welcher in der Methode der Psychoanalyse, die auf FREUD zurückgeht, ausgebildet ist.

5. Zum Inhalt des Lehrbuchs

Die in den folgenden Kapiteln beschriebenen Themenbereiche der Psychologie – Wahrnehmung, Lernen, Motivation und Gruppe – stellen eine Art Grundwissen dar, das nach unserer Auffassung heute zur Allgemeinbildung gehören sollte und das vielfältige Praxisbezüge hat, die persönlich und beruflich von Nutzen sein können. Für jeden Themenbereich werden die Probleme und Fragestellungen beschrieben, mit denen sich die Psychologie befaßt. Es werden die Methoden skizziert, mit denen die Psychologie forscht, und vor allem die Ergebnisse und Theorien dargestellt, zu denen die Psychologie gelangte.

Zum Inhalt des Lehrbuchs 15

Im Kapitel über die *Wahrnehmung* wird das Problem behandelt, wie Wahrnehmungen entstehen und wie sie von der Person des Wahrnehmenden beeinflußt werden. Wie kommt es zu Wahrnehmungstäuschungen? Welchen Einfluß können Gefühle auf Wahrnehmungen haben? Wie zuverlässig ist der erste Eindruck, den man von einem Menschen hat, und welche Fehler können bei der Eindrucksbildung unterlaufen?

Das Kapitel *Lernen* befaßt sich mit verschiedenen Prozessen, die sich beim Erlernen von Gefühlen und von Verhaltensgewohnheiten, beim Erwerb von Wissen und beim Problemlösen abspielen. Dabei geht es auch um die Frage, wie man solche Lernprozesse fördern kann und wie sie therapeutisch zu nutzen sind. Eine Beschreibung der Funktionsweise des menschlichen Gedächtnisses und Hinweise auf Techniken zum effektiven Lernen schließen sich an.

Im Kapitel *Motivation* wird zunächst die Frage aufgeworfen, ob und wie man Motive wissenschaftlich erfassen und klassifizieren kann. Dann werden psychologische Befunde und Theorien zu den Motiven Hunger, Bedürfnis nach Kontakt, Leistungsstreben und Angst dargestellt. Welche psychologischen Erklärungen gibt es dafür, daß manche Menschen beim Essen so schlecht Maß halten können? Warum ist das Kontaktbedürfnis bei Menschen verschieden stark ausgeprägt, und zu welchen Menschen fühlt man sich besonders hingezogen? Wie beurteilen Menschen das Zustandekommen ihrer Leistungen? Kann man Angst unter Kontrolle bekommen? Für diese und ähnliche Fragen haben wir psychologische Erklärungen zusammengetragen.

Das letzte Kapitel zum Themenbereich *Gruppe* geht schließlich ein auf die Interaktionsprozesse zwischen Menschen und auf die Mechanismen, die dabei wirksam sind. Weiterhin sehen wir, wie der einzelne in seinem Erleben und Verhalten von den Menschen in seiner Umgebung und von seinem weiteren sozialen Umfeld beeinflußt wird. Es werden aber auch Möglichkeiten beschrieben, die er selbst hat, auf das Gruppengeschehen einzuwirken und es zum Vorteil aller zu nutzen.

II. Wahrnehmung

A. Die geschichtliche Entwicklung der Wahrnehmungspsychologie

1. Die Anfänge

Die Wahrnehmungspsychologie ist das älteste und das am besten erforschte Teilgebiet der Psychologie. Ihre Anfänge reichen in die zweite Hälfte des 19. Jahrhunderts zurück. In dieser Zeit führten die Physiologen WEBER (1795 – 1878) und FECHNER (1801 – 1887) erste experimentelle Untersuchungen durch, um regelhafte Beziehungen zwischen verschiedenen physikalischen Reizstärken und den korrespondierenden Wahrnehmungen herauszufinden. Dieses Arbeitsgebiet nannten sie *Psychophysik*. Sie überprüften zum Beispiel, wie intensiv ein Reiz mindestens sein muß, damit er überhaupt wahrgenommen werden kann (absolute Wahrnehmungsschwelle). Solche absoluten Schwellenwerte sind von praktischer Bedeutung für die Bestimmung der individuellen Seh- und Hörfähigkeit. Weiterhin untersuchten sie, wie verschieden zwei Reize mindestens sein müssen, damit der Unterschied zwischen ihnen gerade eben bemerkt wird (Unterschiedsschwelle). Diese Unterschiedsschwelle beträgt bei Gewichten ca. 2 %, bei Helligkeiten 2 – 5 %, bei Streckenlängen ca. 1 %, bei dem Geschmack „süß" ca. 12,5 %. Mit dem Unterschreiten von Unterschiedsschwellen läßt sich erklären, warum man viele Veränderungen an Objekten nicht bemerkt: das Wachstum des Kindes, mit dem man täglich zusammen ist, die allmähliche Verkahlung der Bäume oder die akustische Verbesserung, die das teure Hifi-Gerät vom sehr teuren unterscheidet. Bereits um 1850 untersuchte der Physiologe, Mediziner und Physiker von HELMHOLTZ (1821 – 1894) den anatomischen Aufbau von Nervenzellen und die Erregungsleitung in den Nervenbahnen. Er stellte fest, daß Reize mit der Geschwindigkeit von 30 – 50 m/s in den Nervenbahnen weitergeleitet werden. HELMHOLTZ befaßte sich auch intensiv mit dem Farbensehen, ebenso HERING (1834 – 1918), den man manchmal als den Rivalen von HELMHOLTZ bezeichnet. Beide entwickelten voneinander abweichende Theorien über die lichtempfindlichen Substanzen im menschlichen Auge und über die elementaren Farbwahrnehmungen. Ihre Theorien werden heute noch diskutiert.

Die geschichtliche Entwicklung der Wahrnehmungspsychologie

1879 wurde in Leipzig das „Institut für experimentelle Psychologie" gegründet; es war das erste offizielle psychologische Institut der Welt. Sein Gründer und Leiter war bis 1917 WUNDT (1832 – 1920). Leipzig galt lange Zeit als Mekka der Psychologen. WUNDTs Schüler kamen aus ganz Europa, aus Japan, Rußland und den USA. WUNDT machte die Wahrnehmungslehre, die bis dahin Domäne der Physiologie gewesen war, zu einem zentralen Thema der neugegründeten Wissenschaft Psychologie. Ausgehend von der Psychophysik, interessierte er sich vor allem für die psychischen Prozesse bei der Entstehung von Wahnehmungen. Seine Experimente, bei denen er die Methode der analytischen Selbstbeobachtung (Introspektion) anwenden ließ, brachten ihn zu folgender Erkenntnis: Wahrnehmungen werden aus einzelnen Empfindungen konstruiert. Diese einzelnen Empfindungen sind die kleinsten Elemente sinnlicher Erfahrungen. Sie werden aufgrund ihrer zeitlichen und räumlichen Nähe miteinander verknüpft (assoziiert) und wie ein Mosaik zu einer ganzheitlichen Wahrnehmung zusammengefügt. Dieses Zusammenfügen ist ein Akt schöpferischer Synthese, wobei Merkmale der Einzelempfindungen aufgehoben werden durch die übergeordneten Merkmale des Gesamtkonstrukts, der endgültigen Wahrnehmung.

2. Der Einfluß der Gestaltpsychologie

Gegen die Auffassung, daß es solche Einzelempfindungen überhaupt gibt, und gegen den *Assoziationismus* bei der Entstehung von Wahrnehmungen wandte sich die Gestaltpsychologie. Die Gestaltpsychologie ist eine Richtung in der Psychologie, die sich sehr intensiv mit Wahrnehmungsvorgängen befaßt hat und die zwischen 1910 und 1933 Ansehen und Einfluß gewann. Vertreter sind WERTHEIMER (1880 – 1943), KOFFKA (1886 – 1941), KÖHLER (1887 – 1967) und LEWIN (1890 – 1947). Die Gestaltpsychologen gingen davon aus, daß man von vornherein, und ohne Assoziationen erworben zu haben, ganze komplexe Gestalten wahrnimmt – daher auch der Name *Gestaltpsychologie* – und nicht Folgen von elementaren Einzelheiten. Wenn man einen Baum sieht, so setzt man ihn nicht aus Stamm, Ästen und Blättern zusammen, die Blätter wiederum aus Stiel, Adern und Blattflächen, sondern man erfaßt die Baumgestalt aus Stamm und Krone unmittelbar und ganzheitlich. Ebenso hört man bei einem Musikstück nicht einzelne Töne, die man dann zu einer Melodie addiert, sondern ganze Melodieteile. Die Wahrnehmung der Musik bleibt auch dieselbe, wenn man alle Einzeltöne verändert, indem man eine andere Tonlage wählt. „Das Ganze ist mehr als die Summe seiner Teile" ist die zentrale Aussage der Gestaltpsychologie. Was als Gestalt gilt und nach welchen Gesetzmäßigkeiten sich Gestalten in der Wahrnehmung durchsetzen und diese strukturieren, das versuchten die Gestaltpsychologen durch Experimente herauszufinden.

Viele Gestaltpsychologen mußten nach Hitlers Machtergreifung emigrieren, weil sie Juden waren. Die meisten gingen in die USA: Dort hatte die Wahrnehmungspsychologie keine bedeutende Tradition, und das Interesse der emigrierten Psychologen wandte sich – auch bedingt durch die politischen Vorgänge in Deutschland – anderen Teilgebieten zu, vornehmlich der Sozialpsychologie. Über die Entwicklung der Wahrnehmungspsychologie im nationalsozialistischen Deutschland ist wenig bekannt. Vermutlich gab es einige ideologische Anpassungen und Arbeiten mit praktischer Nutzanwendung. Aber Wehrpsychologie und Charakterologie waren in dieser Zeit wichtiger.

In den 50er und 60er Jahren wurden an vielen psychologischen Instituten der Bundesrepublik Wahrnehmungspsychologie und Gestaltpsychologie gelehrt, aber die zahlreichen neuen Forschungsgebiete und Methoden, die nach dem Krieg aus den USA importiert wurden, drängten die Wahrnehmungspsychologie als altmodisches Teilgebiet und die Gestaltpsychologie als ebenso altmodische Richtung in den Hintergrund. Erst in den 70er Jahren begann eine Wiederaufwertung der Gestaltpsychologie; ihre Prinzipien wurden von der Lern- und Denkpsychologie, der Pädagogik und der Psychotherapie aufgegriffen. Parallel dazu entstand ein neues Interesse an der Wahrnehmungspsychologie. Auch hier haben moderne Denkansätze und Methoden Eingang gefunden. Physiologie, Lerntheorie und Sozialpsychologie sind heute von gleicher Bedeutung für die Erforschung von Wahrnehmungsprozessen wie die Gestaltpsychologie. Durch die Vielzahl der verschiedenen Ansätze und Fragestellungen zerfällt die Wahrnehmungspsychologie inzwischen in Teilgebiete, die kaum noch etwas miteinander zu tun haben, z. B. in eine physiologische Wahrnehmungspsychologie, die den naturwissenschaftlichen Charakter der Psychologie unterstreicht, und in eine sozialpsychologische Richtung (social perception, person perception), die der gesellschaftswissenschaftlichen Orientierung der Psychologie Rechnung trägt.

B. Die Bedeutung der Wahrnehmungspsychologie

1. Der experimentelle Zugang

Die Anfänge der wissenschaftlichen Psychologie waren von dem Bemühen getragen, psychische Vorgänge möglichst exakt, quasi naturwissenschaftlich, zu erfassen und Spekulation zu vermeiden. Dafür bot sich die Wahrnehmung als geeignetes Arbeitsfeld an. Wahrnehmungen kann man mit Hilfe von Befragungen oder Experimenten einigermaßen objektiv und zuverlässig erforschen, ganz im Gegensatz zu Gefühlen oder Motiven, zu denen man oft keinen bewußten oder unbefangenen Zugang hat und für die es auch nur wenige eindeutige Verhaltensindikatoren gibt. Allerdings hat sich das Methodeninventar der Psychologie inzwischen so verfeinert, daß auch Emotions- und Motivationsforschung wissenschaftlich betrieben werden können.

Die Vorzüge des experimentellen Zugriffs bei Wahrnehmungsphänomenen sollen an einem Beispiel verdeutlicht werden: Wenn man Versuchspersonen (im folgenden: Versuchspersonen = Vpn; Versuchsperson = Vp; Versuchsleiter = Vl) die MÜLLER-LYER-Täuschung vorlegt und sie fragt, welche der Strecken – a oder b – ihnen länger erscheint, dann lächeln sie häufig nur müde. Sie kennen diese Täuschung, wollen sich vom Vl nicht reinlegen lassen und antworten, daß beide Strecken gleich lang sind.

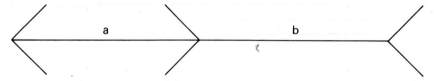

Abb. 1: MÜLLER-LYER-Täuschung

Läßt man sie stattdessen im Rahmen eines kleinen Experiments die Streckenlängen selbst herstellen, dann ergibt sich die Wirkung der Täuschung sehr eindrucksvoll auch bei denen, die sie schon kennen. Der Vl muß dafür zwei Bögen Papier (DIN A 5) folgendermaßen vorbereiten: Auf den quergelegten Bogen 1 zeichnet er einen Pfeil ungefähr so ein, daß die waagerechte Linie 15 cm lang ist und die Pfeilenden im Winkel von 45° abgehen und 3 cm lang sind. Auf den Bogen 2 kommt folgende Zeichnung: Die waagerechte Linie soll 10 cm lang sein, die Pfeilenden sollen ebenfalls im Winkel von 45° abgehen und 3 cm lang sein.

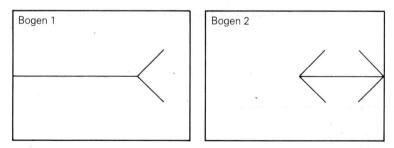

Abb. 2: Experiment zur MÜLLER-LYER-Täuschung

Jetzt läßt man die Vpn den Bogen 2 von links nach rechts über den Bogen 1 schieben, bis ihnen die beiden waagerechten Linien gleich groß vorkommen. Dann mißt man nach, wie lang die auf dem Bogen 1 hergestellte Linie tatsächlich ist. In der Regel ergibt sich ein Täuschungsbetrag von 20 % und mehr!

2. Wahrnehmen als lebensnotwendiger Vorgang

Die methodischen Zugangsmöglichkeiten sind eine notwendige, aber keine hinreichende Begründung dafür, daß die Psychologie sich mit Wahrnehmung befaßt. Hinzu kommt ein allgemeines Erkenntnisinteresse an Wahrnehmungsvorgängen und die Einsicht, daß Wahrnehmen eine zentrale Tätigkeit ist, ohne die menschliche Entwicklung nicht möglich wäre. Ein Mensch, der von Geburt an nichts wahrnimmt, hat weder ein Bewußtsein von sich selbst noch von seiner Umwelt; er ist nicht lern- und nicht lebensfähig. In den 50er Jahren wurden in den USA mehrfach Experimente zum Reizentzug durchgeführt. Freiwillige Studenten, die für ihre Teilnahme gut bezahlt wurden, sollten sich so lange wie möglich in einen schalldichten, schwach beleuchteten Raum begeben, sich dort auf ein Bett legen und nichts tun. Sie mußten geräuschdämpfende Ohrenschützer und Brillen aus Milchglas tragen. Außerdem bekamen sie dicke Polster und Manschetten um die Arme, damit sie keine Berührungsreize erlebten. Natürlich bekamen sie zu essen und hatten auch eine Toilette zur Verfügung. Hin und wieder wurden sie auch aus dem Raum geholt und getestet. Trotz dieser Unterbrechungen war ihre Situation aber insgesamt reizarm und monoton. Die meisten Vpn schliefen erst einmal und hingen dann persönlichen Gedanken nach. Den bald entstehenden Reizhunger versuchten sie durch Gesang, Selbstgespräche und Bewegungen zu befriedigen. Bei vielen Vpn traten nach mehreren Stunden oder auch Tagen Trugwahrnehmungen auf in Form von Lichtpunkten, Helligkeiten, Bildern oder Geräuschen. Die Vpn waren weniger kritisch als im Normalzustand und glaubten teilweise tatsächlich, daß die wahrgenommenen Eindrücke außerhalb ihrer selbst existierten. Viele fühlten sich stimmungslabil und verwirrt. Ihre Konzentrations- und Leistungsfähigkeit nahm mit zunehmender Dauer des Experiments ab. Man folgerte aus diesen Ergebnissen: Außenreize und ihre Wahrnehmung sind sehr wichtig für die psychische Gesundheit des Menschen; fehlen sie, dann treten Bewußtseinsstörungen auf, die ihn besonders manipulierbar machen.

3. Weitere Gründe für die Beschäftigung mit Wahrnehmung

a) Verhaltenssteuerung

Wahrnehmungen beeinflussen auch Gefühle und Bedürfnisse und steuern das Verhalten. Umgekehrt sind viele Gefühle, Bedürfnisse und Verhaltensweisen nur erklärbar vor dem Hintergrund vorausgegangener Wahrnehmungen. So wird man sich über einen Jungen wundern, der immer wieder in Prügeleien verwickelt ist, obwohl seine Eltern keine körperliche Gewalt anwenden und ihn sogar ständig ermahnen, nicht so wild zu sein. Sein Verhalten wird verständlich, wenn man weiß, daß er wiederholt Stolz und Genugtuung auf den elterlichen Gesichtern gesehen hat, wenn er von seinen Raufereien erzählte, und daß er einen amüsierten

Unterton wahrnahm, der in ihren Ermahnungen mitschwang. Offensichtlich haben ihn diese nonverbalen Botschaften in seinem Verhalten mehr beeinflußt als die verbalen.

b) Diagnostik

Wahrnehmungen lassen Rückschlüsse auf die Eigenarten der wahrnehmenden Personen zu. Das gilt besonders dann, wenn die wahrgenommenen Objekte vieldeutig und komplex sind und dem Wahrnehmenden eine Reihe von Urteils- und Entscheidungsprozessen abverlangen. Diesen Sachverhalt macht sich die psychologische Diagnostik zunutze, indem sie ihren Probanden (Pbn) z. B. standardisierte Klecksbilder vorlegt und beschreiben läßt, was darauf zu sehen ist. Die Antworten eines Pbn lassen vorsichtige Rückschlüsse auf seine individuellen Erfahrungen, Wünsche und Ängste zu. Die Redensarten, daß jemand „nur die Löcher im Käse sieht" oder „die Welt durch eine rosa Brille betrachtet", deuten auch darauf hin, daß Wahrnehmungen Auskunft über die Person geben, die wahrnimmt.

c) Nutzbarmachung der Forschungsergebnisse

Viele Forschungsarbeiten in der Wahrnehmungspsychologie werden auch durchgeführt, um aus den Ergebnissen einen praktischen und ökonomischen Nutzen zu ziehen. So untersucht man in Experimenten, wie Blinde den Ausfall des Sehsinnes kompensieren und wie sie ihren Tastsinn verstärkt nutzen können. Mit Hilfe von Augenbewegungskameras überprüft man, ob und in welcher Folge verschiedene Signale an einer Baustelle von einem Autofahrer wahrgenommen werden oder ob eine neue Warenverpackung mehr Blicke von Käufern auf sich zieht als die alte.

d) Wissenschaftsmethode

Wahrnehmen in Form systematischen Beobachtens ist eine wichtige Methode der Erkenntnisgewinnung in allen Erfahrungswissenschaften. Wissenschaftliche Befunde und Theorien über Wahrnehmung sind damit auch im weiten Sinne Erkenntnistheorie. Die Selektivität der Wahrnehmung z. B. ist auch bei wissenschaftlicher Beobachtung im Spiel. Wenn man das weiß, kann man sich bemühen, diesen Effekt möglichst gering zu halten, bzw. man kann ihn bei der Beurteilung von Wissenschaftsergebnissen einkalkulieren.

C. Definition: Wahrnehmen

Bisher wurde von Wahrnehmungen gesprochen, ohne daß genau geklärt wurde, was damit gemeint ist. In diesem Abschnitt soll der Begriff nun erläutert und definiert werden. Ein erster Annäherungsversuch an eine Definiton könnte so aussehen: „Wahrnehmen heißt, etwas sehen, hören, riechen, schmecken oder tasten." Mit der Aufzählung der fünf klassischen Sinnesgebiete hätte man vielleicht vor 150 Jahren noch richtig gelegen, aber inzwischen muß man sie um einige weitere Sinne ergänzen.

Menschen verfügen nämlich auch über einen Temperatursinn; sie haben Thermorezeptoren in der Haut, die über Außentemperaturen und Temperaturabweichungen informieren. Dann haben sie auch einen Schmerzsinn; er umfaßt Nervenendigungen in der Haut und in den inneren Organen, die auf Gewebezerstörungen und -veränderungen reagieren. Weiterhin gibt es noch beim Menschen: einen Stellungssinn, der mit Hilfe von Rezeptoren in den Gelenkkapseln und -bändern funktioniert und Auskunft über die Lage der Gliedmaßen gibt; einen Spannungs- und Kraftsinn, der mittels Nervenendigungen in den Muskeln und Sehnen über die Anspannung in den einzelnen Körperteilen und über das Gewicht von Objekten informiert; schließlich einen Bewegungssinn, der in Teilen des Innenohrs (Bogengänge, Sacculus und Utriculus) beginnt und lineare Bewegungen und Drehungen des Körpers meldet. Diese neueren Sinne sind wenig bekannt. Es gibt für ihre Funktionen auch nicht so klare Tätigkeitswörter wie sehen oder hören, sondern nur die sehr unspezifische Umschreibung des Fühlens. Die Definition könnte man jetzt so fassen: „Wahrnehmen bedeutet, daß man mittels der verschiedenen Sinnessysteme, über die man verfügt, Informationen gewinnt über die Umwelt und den eigenen Körper."

Diese Definition bedarf noch der Präzisierung, was die Informationsgewinnung betrifft. Ihr Ausgangspunkt ist ein Reiz: Darunter versteht man die physikalische Energie, die auf die Rezeptorzellen einwirkt und diese in Erregung versetzt. Letzteres passiert nur, wenn die Energie eine bestimmte Intensität nicht über- oder unterschreitet; so spricht das menschliche Auge z. B. nur auf Lichtstrahlen zwischen 0,4 und 0,75 μm an, Lichtstrahlen jenseits dieser Schwellenwerte können von Menschen nicht wahrgenommen werden, wohl aber von einigen Tieren, z. B. Bienen. Akustische Reize müssen eine Frequenz von 20 bis 20 000 Hertz haben, um für Menschen hörbar zu sein. Fledermäuse und Delphine hören auch noch viel höhere Töne. Die auf die Rezeptorzellen einwirkenden Energien werden in elektrische Impulsfolgen umgewandelt. Diese werden dann über die sensorischen Nervenbahnen zum Thalamus und von da aus zu den entsprechenden Wahrnehmungsfeldern und zu anderen Teilen im Großhirn geleitet. Dort finden umfangreiche Verarbeitungsprozesse statt, die schon bei der Weiterleitung der Impulse in den Nervenbahnen eingesetzt haben. Die einlaufenden Impulse werden selektiert, strukturiert und mit gespeicherten Erfahrungen verbunden. Das Ergebnis dieser Verarbeitungsprozesse ist die bewußte Wahrnehmung. Der Vorgang selbst – oft auch als Wahrnehmung bezeichnet – ist nicht bewußtseinsfähig.

Die Aktivität des Organismus beim Wahrnehmen wird von der Psychologie als ein wesentliches Merkmal des Wahrnehmungsvorgangs angesehen und sollte deshalb mit in die Definition aufgenommen werden, etwa so: „Wahrnehmen bedeutet, mit Hilfe von Sinnessystemen Reize aus der Umwelt und aus dem eigenen Körper aufzunehmen und zu verarbeiten." Als Sinnessystem bezeichnet man die Funktionseinheit aller an einer Wahrnehmung beteiligten Organe. Das visuelle System umfaßt das Sinnesorgan Auge mit den Stäbchen und Zapfen als Rezeptorzellen, den Sehnerv, Schaltstellen im Thalamus und das Sehzentrum im hinteren Bereich der Großhirnrinde. Denn Wahrnehmungen kommen ja nicht alleine durch intakte Sinnesorgane zustande, sondern bedürfen, wie oben beschrieben, der Verarbeitung im Gehirn. Treten dort Störungen auf, kann es trotz funktionstüchtiger Organe zu Wahrnehmungsausfällen kommen. So kann es sein, daß ein Mensch trotz intakter Augen Formen, Farben und Helligkeiten nicht mehr erkennt (visuelle Agnosie) oder trotz intakter Ohren Gehörtes nicht mehr versteht (akustische Agnosie).

D. Unterschiedliche Wahrnehmungswelten

1. Die Wahrnehmungswelten niederer Tiere

Die Sinnessysteme, über die ein Lebewesen verfügt, bestimmen seine Wahrnehmungswelt. Darunter versteht man das, was seiner Wahrnehmung zugänglich ist und in sein Bild von der Welt aufgenommen wird. Lebewesen, die über weniger oder andere Sinnessysteme verfügen als der Mensch, leben auch in einer anderen Wahrnehmungswelt. Extrem sind diese Unterschiede, wenn man die Wahrnehmungswelt des Menschen mit der niederer Lebewesen vergleicht. Der Biologe UEXKÜLL (1864–1944) berichtet von der Zecke, einem blutsaugendem Ungeziefer, daß sie zwar über einen allgemeinen Lichtsinn in der Haut verfügt, aber Formen und Farben nicht sehen kann. Sie riecht den Duft von Buttersäure, der den Hautdrüsen von Säugetieren entströmt, sie spürt Wärme und Kälte und ertastet haarfreie Stellen, wo sie sich zum Mahle einnistet. Schmecken kann sie das Blut aber nicht, das sie abzapft, wie Versuche mit künstlichen Membranen und anderen Flüssigkeiten ergeben haben. Hören kann sie auch nichts. Viele Dinge, die Menschen in der Umgebung der Zecke ganz selbstverständlich wahrnehmen – Bäume, Vogellaute,

Regentropfen, Staub – existieren für die Zecke nicht. Ihre Wahrnehmungswelt ist auf das reduziert, was sie zum Überleben braucht.

Nicht nur Unterschiede in den Sinnesorganen, auch Unterschiede in der Verarbeitungskapazität der Gehirne führen zu unterschiedlichen Wahrnehmungswelten. So hat die Biene zwar ein Auge, das dem menschlichen vergleichbar ist, aber sie kann trotzdem nicht annähernd so viele Formen auseinanderhalten wie der Mensch. Dressurakte haben gezeigt, daß man ihr wirklich ein X für ein U vormachen kann. Je differenzierter und komplexer Bau- und Funktionsweise eines Gehirns sind, desto besser sind Erkenntnis-, Ordnungs- und Unterscheidungsleistungen bei der Wahrnehmung.

2. Blindheit

Die menschlichen Wahrnehmungswelten sind natürlich auch nicht alle gleich. Sie unterscheiden sich je nach den individuellen Fähigkeiten, Erfahrungen und Gewohnheiten. Abweichungen ergeben sich vor allem, wenn einzelne Sinnesorgane ganz ausfallen. Blindgeborene Menschen leben in einer Welt, die keine bildlichen Eindrücke enthält. Ein sehender Mensch kann sich nur schwer eine Vorstellung davon machen, wie das ist. Selbst wenn er sich für längere Zeit die Augen zubindet, so hat er doch aufgrund früherer Erfahrungen eine Vorstellung von den Formen und Farben, die ihn umgeben. Ein Blindgeborener hat überhaupt keine bildlichen Vorstellungen. Er erfaßt den Raum und die Konturen seiner Umwelt mit Hilfe seines Gehörs und seines Tastsinns. Beide Sinne kann er so gut trainieren, daß er sich sicher bewegt und zurechtfindet. Allerdings kann er mit dem Tastsinn nur sukzessiv erfassen, was sehende Menschen auf einmal wahrnehmen – die Form eines Baumes etwa oder den Verlauf eines Weges. Das Gehör vermittelt ihm einen Eindruck von der Größe der Objekte und von ihrer Nähe, nicht aber von ihrer Helligkeit und Farbe. Ein Blinder kann auswendiglernen, daß Gras grün und Blut rot ist, aber er kann den Ausdruckswert nicht erfahren, den diese Farben haben. Er erhält diese Informationen bestenfalls über Umwege, wenn er sich die Wirkung der Farbe umschreiben läßt mit Begriffen, die seinem Erfahrungsbereich entstammen.

Insgesamt ist der Gesichtssinn beim Menschen der Sinn, der über die meisten Rezeptorenzellen und Nervenfasern verfügt (ca. 10 Millionen) und somit auch die meisten Informationen – gemessen in bit/s – übermittelt. An zweiter Stelle stehen die Hautsinne, speziell der Tastsinn, danach das Gehör. Die hohe Informationskapazität des Tastsinnes wird von uns im täglichen Leben wenig genutzt. Das Gehör ist für uns wichtiger, weil die sprachlichen Informationen, die es aufnimmt, bedeutungsvoller und inhaltsreicher sind als einzelne Druck- und Berührungssignale. Blinde Menschen greifen viel auf den Tastsinn zurück, um den Ausfall des

Sehens zu kompensieren. Es gibt auch schon Versuche, optische Eindrücke, die Blinde durch eine Brille mit eingebauter Kamera aufnehmen, in Drucksignale zu übersetzen und auf Hautpartien im Rücken zu übertragen. Der Blinde sieht dann mit dem Rücken.

3. Farbenblindheit

Weit weniger einschneidend als die totale Blindheit sind Beeinträchtigungen des Farbensehens. Dabei sind Fälle von totaler Farbenblindheit selten. Totale Farbenblindheit entsteht dadurch, daß das gesamte Zäpfchensystem der Netzhaut nicht funktioniert. Menschen mit totaler Farbenblindheit nehmen die Welt wie einen Schwarz-Weiß-Film wahr. Auch sie erfassen nicht den Ausdruckswert von Farben, aber sie nehmen im Gegensatz zu Blinden doch Konturen und Unterschiede in den Helligkeiten der Objekte wahr.

Häufiger als die totale kommt die partielle Farbenblindheit vor: Rund 5% der Männer und 1% der Frauen sind davon betroffen. Sie nehmen die langen Lichtwellen, die den Farbtüchtigen als rot, orange, gelb oder gelbgrün erscheinen, alle als gelb wahr, die kurzen Lichtwellen generell als blau, wo Farbtüchtige violett, blau und blaugrün sehen. Bei Grün sehen sie Grau. Es gibt Farbtafeln, mit deren Hilfe man relativ leicht feststellen kann, ob man partiell farbenblind ist. Sie enthalten ein Wirrwarr verschieden gefärbter Punkte, und nur Farbtüchtige können erkennen, daß manche Punkte aufgrund ihrer gleichen Färbung sich von anderen abheben und zusammengesetzt eine Zahl ergeben oder einen Buchstaben.

Menschen, die teilweise farbenblind sind, leiden meist nicht unter diesem Mangel. Im Straßenverkehr orientieren sie sich an der Helligkeit und der Lage, nicht an der Farbe der Ampeln; in ihrer Kleidung fallen sie manchmal durch mutige Farbkombinationen auf. Viele wissen gar nicht, daß sie in ihrem Farbensehen beeinträchtigt sind.

4. Wahrnehmung und Realität

Die Reaktionen der Farbenblinden zeigen, daß Farben nicht an sich existieren, sondern erst durch Wahrnehmungsleistungen zustandekommen. Das gilt im Grunde für alle wahrgenommenen Objekte und Ereignisse: Was auf die Sinnesorgane einwirkt, sind bedeutungslose Licht-, Schall- und Druckwellen. Erst durch die Verarbeitungsprozesse im Gehirn werden daraus die wahrgenommenen Objekte und Ereignisse. Daß es diese „in Wirklichkeit" gar nicht so gibt, wie sie uns erscheinen, dafür sprechen auch die verschiedenen Wahrnehmungswelten der Lebewesen. Wahrscheinlich glaubt jedes von seiner Wahrnehmungswelt, diese sei die Wirklichkeit.

Nun muß man sich aber davor hüten, allein der physikalischen Beschaffenheit der Welt Wirklichkeitscharakter zuzusprechen. Auch die Bedeutungen, die physikalische Reize durch die Wahrnehmungen erhalten, sind real und nicht bloß Einbildung. Man erfährt ihre Bedeutungen, also ihre Struktur, ihren Ausdruckswert und ihre Funktion als reale Gegebenheiten, wenn man mit den Dingen umgeht. Denn man nimmt sie ja nicht nur wahr, sondern kann auch auf sie einwirken und sie verändern. Dieses Einwirken ist zwar wieder nur über die Wahrnehmung erfahrbar, aber es wäre ja grundsätzlich nicht möglich, wenn es keine materiellen Dinge gäbe, auf die man einwirken kann. Auch an den Mißerfolgen, die sich einstellen, wenn man die Bedeutung eines Objekts nicht richtig erfaßt hat, erfährt man seinen Realitätscharakter. Zum anderen nehmen Menschen trotz mancher Unterschiede in ihren Wahrnehmungswelten und Weltanschauungen viele Dinge und Vorgänge in gleicher oder zumindest ähnlicher Weise wahr, und nur dadurch wird eine Verständigung zwischen ihnen möglich. Sie wäre nicht denkbar, wenn es nicht außerhalb der verschiedenen individuellen Wahrnehmungswelten etwas reales Gemeinsames gäbe, das diese konstituiert und über das man kommunizieren kann. Wahrnehmungen bilden, so gesehen, die reale Welt ab. Sie sind Spiegelbilder der Realität, was nicht ausschließt, daß manche Menschen die Welt durch einen Spiegel sehen, der verzerrt oder blinde Flecken hat.

E. Die Strukturierung der Wahrnehmung

1. Physiologische Grundlagen

Bei der Darstellung des Ablaufs von Wahrnehmungsprozessen wurde darauf hingewiesen, daß die einlaufenden sensorischen Impulse im Gehirn zu Wahrnehmungen verarbeitet werden. Diese Verarbeitung schließt Strukturierungsvorgänge ein, durch welche die Wahrnehmung ihre Gliederung und Ordnung erhält. Über die physiologische Basis dieser Strukturierungsvorgänge gibt es bisher noch wenig gesichertes Wissen.

Der Gestaltpsychologe KÖHLER nahm in den 20er und 30er Jahren an, daß es eine eindeutige Entsprechung zwischen der Struktur der Außenwelt und ihrer inneren Repräsentation gibt (Isomorphismus-Theorie). Konkret heißt das: Betrachtet man ein Quadrat, dann wird im Gehirn elektrische Aktivität in Form eines Quadrates ausgelöst. Kritiker fragten, was im Gehirn passiert, wenn man sieht, wie ein Rasen gemäht wird. Die Antwort der Isomorphismus-Theoretiker darauf war eher komisch als überzeugend.

In den 60er Jahren entdeckten die Neurophysiologen HUBEL und WIESEL, daß es Zellen in der primären Sehrinde gibt, die nur auf ganz bestimmte figurative

Abbildungen auf der Netzhaut reagieren, z. B. auf Linien einer bestimmten Richtung, auf Winkel oder Kurven. Es handelt sich dabei um sogenannte *Detektorzellen*, die einfachste Gestaltmerkmale identifizieren, wenn alle Eingänge ihres Retinafeldes gleichzeitig angesprochen werden. Diese einfachen Detektorzellen sind mit Detektorzellen höherer Komplexität verknüpft, für welche die enge Bindung an das Retinafeld nicht mehr besteht. Wenn eine bestimmte Kombination von einfachen Detektorzellen gleichzeitig erregt wird, dann antwortet eine komplexe Zelle und identifiziert eine Gestalt, etwa ein Rechteck, das sich aus dem Zusammenschluß der einfachen Gestaltmerkmale ergibt.

Eine neuere Theorie zur Physiologie der Strukturierungsprozesse stammt aus den 70er Jahren und wurde von dem Neuropsychologen PRIBRAM aufgestellt. Nach PRIBRAMs Auffassung reagieren die Zellen des visuellen Systems nicht auf bestimmte Linienführungen und geometrische Muster, sondern viel allgemeiner auf den räumlichen Wechsel von Hell und Dunkel. Für akustische Informationen nimmt er ein zeitliches Hell-Dunkel-Muster an. Diese Hell-Dunkel-Muster teilen sich dem Individuum in Form von Wellen mit bestimmten Frequenzen mit. Wenn es in seinem Cortex entsprechende Wellenmuster gespeichert hat und über entsprechende Frequenzanalysatoren verfügt, dann kann es das Objekt wahrnehmen. Objekt und wahrnehmendes Subjekt müssen also „auf gleicher Wellenlänge liegen", damit ein Wahrnehmungs- und Erkennungsprozeß möglich ist.

In allen drei Theorien wird davon ausgegangen, daß es natürliche Ordnungskräfte gibt, die den Aufbau der Außenwelt bestimmen und die, korrespondierend dazu, auch in der Physiologie des Menschen angelegt sind und dort wirksam werden.

2. Die Gestaltgesetze

Gesicherter als die Theorien über die physiologische Basis der Strukturierungsvorgänge sind die Befunde darüber, wie sich diese Vorgänge in den Wahrnehmungen niederschlagen. Dafür lassen sich vor allem Beispiele aus der visuellen Wahrnehmung anführen. Das liegt daran, daß die Wahrnehmungsforschung bei der Erkundung der visuellen Wahrnehmung ihren Ausgang hat und das visuelle Wahrnehmen das bisher am besten erforschte Sinnesgebiet ist.

Die Gesetzmäßigkeiten, nach denen ein gesehenes Bild oder eine gehörte Information strukturiert, d. h. gegliedert und geordnet werden, nennt man Gestaltgesetze. Sie wurden vor allem von den Gestaltpsychologen WERTHEIMER, KOFFKA und METZGER (1899–1979) untersucht.

a) Figur-Grund-Gliederung

Die grundlegende Art einer solchen Strukturierung ist die Aufgliederung in Figur und Grund. Auf der folgenden Abbildung nimmt man als Figur den Apfel vor dem Hintergrund der schraffierten Fläche wahr. Ebenso sieht man die gedruckten Buchstaben dieses Textes vor dem Hintergrund des Papiers.

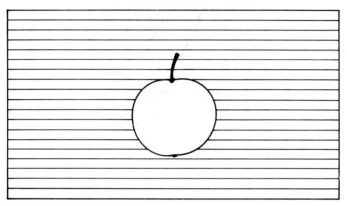

Abb. 3: Figur-Grund-Gliederung

Voraussetzung für eine Figur-Grund-Gliederung ist, daß das Reizfeld nicht homogen ist, sondern erkennbar Differenzen aufweist. Dabei wird im Bereich der visuellen Wahrnehmung vorzugsweise das als Figur wahrgenommen, was umschlossen und stärker in sich gegliedert ist. Die Figur verfügt über die Konturen, sie befindet sich näher beim Betrachter, und der Hintergrund erstreckt sich scheinbar gleichmäßig und unbegrenzt hinter ihr. Figur-Grund-Gliederungen gibt es nicht nicht nur im visuellen Bereich, sondern auch auf anderen Sinnesgebieten. So hört man die Melodie der Trompete als Figur vor der Rhythmusbegleitung; der Druck, den ein Stein im Schuh ausübt, wird zur Figur vor dem allgemeinen Druck der Schuhsohle auf die Fußsohle; in einer Gruppe von Menschen wird die Person zur Figur, die sich durch ihr Aussehen oder ihr Verhalten deutlich von der Gruppe abhebt.

Die Fähigkeit zur Figur-Grund-Gliederung ist angeboren und vollzieht sich quasi automatisch. Sie wird aber zusätzlich gefördert durch Erfahrungen, die man im Umgang mit den wahrgenommenen Objekten gesammelt hat. Figur-Grund-Gliederungen sind oft irreversibel, d. h. nicht umkehrbar. Man kann z. B. auch mit großem Bemühen nicht erreichen, daß der Hintergrund des Apfelbildchens als Figur erscheint und der Apfel als Hintergrund, etwa als Loch im grauen Gebilde. Dennoch gibt es Reize, bei denen man durch willentliche Anstrengung Figur und Hintergrund vertauschen kann, so wie man auch den Lehrervortrag zum Hintergrund und das Geflüster des Klassennachbarn zur Figur werden lassen kann.

Die Strukturierung der Wahrnehmung

Sehen Sie einen Pokal oder zwei Profile?
Können Sie beides gleichzeitig sehen?

Abb. 4: Figur-Grund-Vertauschung

b) Das Gesetz der Nähe

Neben der Aufgliederung des Reizfeldes in Figur und Hintergrund gibt es noch weitere Strukturierungsprinzipien, z. B. das Gesetz der Nähe, das Gesetz der Ähnlichkeit und das Gesetz der Geschlossenheit.

Das Gesetz der Nähe besagt, daß dicht beieinander liegende Elemente als zusammengehörig wahrgenommen werden:

Abb. 5: Gesetz der Nähe

Aus dem Gesetz der Nähe versucht die Werbung Nutzen zu ziehen, indem sie einem belanglosen Produkt Attraktivität zu verleihen versucht durch die Nähe eines anderen begehrenswerten. Es spielt auch in der Wahrnehmung von Menschen eine Rolle, was sich in dem Sprichwort ausdrückt: „Sage mir, mit wem Du umgehst, und ich sage Dir, wer Du bist."

c) Gesetz der Ähnlichkeit

Das Gesetz der Ähnlichkeit besagt, daß ähnliche Elemente als zusammengehörende Gruppe erfaßt werden:

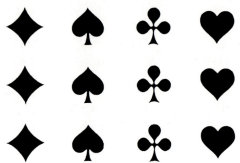

Abb. 6: Gesetz der Ähnlichkeit

Auch das Gesetz der Ähnlichkeit spielt bei der Wahrnehmung und Beurteilung von Menschen eine Rolle: So vermutet man bei Menschen mit ähnlichem Aussehen oder mit gleichlautendem Namen dieselben Persönlichkeitsmerkmale.

d) Gesetz der Geschlossenheit

Das Gesetz der Geschlossenheit führt dazu, daß unvollständige, nicht geschlossene Figuren als geschlossen und zusammenhängend wahrgenommen werden:

Abb. 7: Gesetz der Geschlossenheit

Bei der Personenwahrnehmung kommt das Gesetz der Geschlossenheit ins Spiel, wenn es um die Abrundung einzelner Eindrücke zu einem gesamten Persönlichkeitsbild geht.

3. Die gute Gestalt

Neben den erwähnten Gesetzmäßigkeiten gibt es noch zahlreiche andere, die bei der Strukturierung von Wahrnehmungen eine Rolle spielen. Alle diese Gesetze wirken zusammen im sogenannten *Prägnanzgesetz* oder *Gesetz der guten Gestalt*. Dieses Gesetz besagt, daß der Mensch von Natur aus dazu neigt, prägnante, d. h. einfach und klar strukturierte Gestalten wahrzunehmen.

Bei der Wahrnehmung eines Reizes, der theoretisch auf verschiedene Art strukturiert werden kann, setzt sich immer die Strukturierung durch, die zu einer einfachen und klaren Gestalt führt. So sieht man z. B. auf der folgenden Abbildung zwei sich überschneidende Quadrate und nicht ein Dreieck und zwei unregelmäßige Fünfecke. Die Quadrate haben eine prägnantere Gestalt als das Dreieck und die Restgebilde.

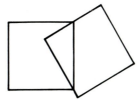

Abb. 8: Wahrnehmung der guten Gestalt

Auf dieser Tatsache beruht auch die Schwierigkeit der sogenannten Tarnbilder. Eine bestimmte Ausgangsfigur, nach der zu suchen ist, wird nicht mehr wahrgenommen, weil sie als prägnante Gestalt aufgelöst und in eine andere, prägnantere eingebettet wurde.

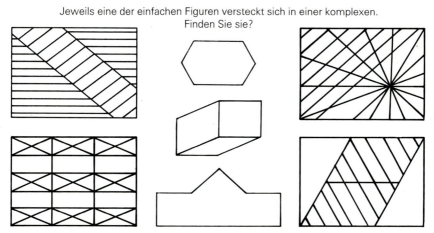

Abb. 9: Tarn- oder Suchbilder

Zum anderen werden aufgrund der Tendenz zur guten Gestalt Reize oft prägnanter wahrgenommen, als sie es tatsächlich sind. So werden z. B. ein Oval oder ein offener Kreis leicht als Kreis wahrgenommen, vor allem, wenn die Betrachtungszeit gering ist. Oder ein Betrag von DM 102,17 wird zu „runden DM 100", vier Wochen werden zu „ungefähr einem Monat", und ein Mann mit schwäbischem Akzent wird zu einem „typischen Schwaben". Allerdings werden Abweichungen von der guten Gestalt nicht immer nivelliert, sondern manchmal – ganz im Gegensatz dazu – auch akzentuiert. Die Abweichung erhält dadurch selbst Prägnanzcharakter. Zu einer Akzentuierung kommt es besonders dann, wenn das abweichende Objekt oder Ereignis eingebettet ist in ein regelmäßiges Umfeld; es tritt dann eine Kontrastwirkung auf.

An Beispielen kann man demonstrieren, was unter einer guten oder prägnanten Gestalt verstanden wird, aber eine allgemeine Definition für Prägnanz gibt es bisher nicht. ATTNEAVE führte Versuche durch, in denen er seine Vpn Schritt für Schritt den Aufbau von Figuren raten ließ. Es traten um so weniger Fehler auf, je kompakter und symmetrischer die Figuren waren. Die Leichtigkeit, mit der man aufgrund weniger Vorinformationen den Aufbau einer Gesamtfigur vorhersagen kann, ist für ATTNEAVE ein Zeichen ihrer Gestaltgüte.

Die Gestalt der wahrgenommenen Reize stellt eine Qualität dar, die sich nicht einfach aus der Addition ihrer einzelnen Bestandteile ergibt, sondern erst aus ihrer spezifischen Strukturierung oder Anordnung. Das wird in dem schon genannten gestaltpsychologischen Grundsatz ausgedrückt: „Das Ganze ist mehr als die Summe seiner Teile."

F. Wahrnehmungskonstanzen

1. Größenkonstanz

Wenn man einen Menschen aus 100 m Entfernung sieht, dann bildet er sich viel kleiner auf der Netzhaut ab als ein anderer aus 2 m Entfernung. Dennoch nimmt man beide in Menschengröße wahr und nicht den einen als Riesen und den anderen als Zwerg. Und wenn ein Mensch aus weiter Entfernung auf einen zukommt, dann sieht man ihn nicht wachsen, noch sieht man einen weggehenden Menschen schrumpfen. Seine Größe bleibt in der Wahrnehmung konstant, auch wenn er ständig unterschiedlich große Netzhautbilder hervorruft. Man bezeichnet das als Größenkonstanz der wahrgenommenen Umwelt.

Die Fähigkeit, die Umwelt größenkonstant wahrzunehmen, ergibt sich aus der Erfahrung, die man im Umgang mit den wahrgenommenen Objekten gewonnen hat. Man weiß, daß die Dinge nicht in Sekundenschnelle wachsen oder schrump-

Wahrnehmungskonstanzen

fen, sondern in ihrer Größe konstant bleiben. Diese Erfahrung fließt mit in die Wahrnehmung ein, ohne daß man es bewußt erlebt.

Das führt zu Wahrnehmungstäuschungen, wenn die Umwelt gezielt manipuliert wird und sich zu den bisherigen Erfahrungen widersprüchlich verhält. So haben z. B. die amerikanischen Psychologen BRUNER und POSTMAN ihren Vpn in einem verdunkelten Raum zwei Objekte gezeigt: ein Mini-Fußbällchen aus der Nähe und eine überdimensionale Spielkarte aus weiter Entfernung. Sowohl der Fußball als auch die Spielkarte wurden als normal groß wahrgenommen. Allerdings hatten die Vpn den Eindruck, der Fußball befände sich weit entfernt von ihnen und die Spielkarte dicht vor ihnen.

Wenn man ein in seiner Größe unbekanntes Objekt wahrnimmt, so gibt seine Umgebung Hinweise auf seine vermutliche Größe. Solche Hinweise können andere bekannte Objekte sein – im Fall der gesehenen Menschen etwa Häuser oder Autos –, oder es ist ganz allgemein die Dichte des Materials, vor dem das unbekannte Objekt wahrgenommen wird. Daß die Beziehung zum Umfeld eine Rolle spielt für die wahrgenommene Größe eines Objekts, verdeutlicht die folgende Abbildung:

Abb. 10: Größenkonstanz

Der weiter hinten stehende Mann wird als größer wahrgenommen, obwohl er von seinen Abmessungen und von dem Netzhautbild her, das er hervorruft, gleich groß wie der vordere ist. Bei der Wahrnehmung wird seine Entfernung einkalkuliert. Hinweise auf seine Entfernung ergeben sich aus den zusammenlaufenden Weglinien, von denen man weiß, daß sie nicht tatsächlich zusammenlaufen, sondern nur diesen Eindruck erwecken, weil sie sich in die Ferne erstrecken.

Die komplizierten Entfernungsberechnungen leistet das Gehirn bei der Verarbeitung der sensorischen Impulse, ohne daß man sich dessen bewußt wird. Es ist zu vermuten, daß diese Leistungen sehr früh erworben werden und nicht oder nur zum geringen Teil auf angeborene Reaktionstendenzen zurückzuführen sind. Versuche mit Säuglingen und Jungtieren haben zwar gezeigt, daß diese instinktiv vor einem Abgrund zurückschrecken, auch wenn sie – der Abgrund war natürlich durch eine Glasplatte gesichert – die Gefahren der Tiefe noch nicht kennengelernt haben. Andererseits nehmen Säuglinge und Kleinkinder zuerst jene Objekte als konstant wahr, die sie anfassen und manipulieren können; die Konstanz für Objekte, die ferner liegen und die sie nicht *begreifen* können, wird erst später erworben. Außerdem weisen Untersuchungen nach, daß Entfernungsabschätzungen sehr stark übungsabhängig sind.

2. Form- und Helligkeitskonstanz

Neben der Größenkonstanz gibt es noch andere Konstanzphänome, z. B. die Formkonstanz und die Helligkeits- oder Farbkonstanz.

Aufgrund der Formkonstanz nimmt man z. B. einen Teller immer als rund wahr, unabhängig vom Blickwinkel, aus dem man ihn sieht. Er bleibt in der Wahrnehmung rund, auch wenn er auf dem Netzhautbild elliptisch erscheint. Ebenso bleibt weißes Papier weiß, unabhängig davon, ob man es im schattigen Halbdunkel oder im hellen Sonnenlicht wahrnimmt. Dabei reflektiert das weiße Papier im Halbdunkel weniger Licht als ein graues Papier im Sonnenlicht. Auch bei diesen Konstanzphänomenen wird immer das Wissen um die Konstanz der Dinge und die Relation der wahrgenommenen Dinge zu ihrem Umfeld in die Wahrnehmung mit einbezogen. Die Fähigkeit, Objekte trotz der ständigen Veränderungen der Netzhautreize konstant zu erfassen, stellt einen wichtigen Anpassungsmechanismus dar. Man nimmt die Objekte so wahr, wie sie wirklich sind, und nicht als ständig sich verändernde. Und während einerseits der Umgang mit den Objekten Voraussetzung für die Entwicklung der Konstanzleistungen ist, tragen diese wiederum dazu bei, daß man planmäßig auf die Objekte einwirken kann.

G. Geometrisch-optische Täuschungen

1. Wie man sich täuschen kann

Die folgenden Zeichnungen machen deutlich, daß Wahrnehmungen die reale Welt nicht immer korrekt abbilden. Der optische Eindruck von der Länge einzelner Strecken und ihrem Verlauf widerspricht dem, was objektiv gemessen werden kann. Wie kommen solche Täuschungen zustande?

Sind die Strecken a und b gleich lang?

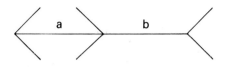

Abb. 11: MÜLLER-LYER-Täuschung

Ist der untere Teil der Schräglinie die Verlängerung des oberen Teils?

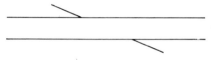

Abb. 13: POGGENDORFsche Täuschung

Sind beide Querbalken gleich groß?

Abb. 15: PONZOsche Täuschung

Sind die Diagonalen a und b gleich lang?

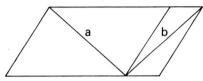

Abb. 12.: SANDERsche Täuschung

Verlaufen die Querbalken parallel?

Abb. 14: ZÖLLNERsche Täuschung

Trapez oder Quadrat?

Abb. 16: EHRENSTEINsche Täuschung

2. Gestaltpsychologische Erklärung

Für die dargestellten Abbildungen lassen sich zwei verschiedene Erklärungsansätze heranziehen: ein gestaltpsychologischer und einer, der die Lernerfahrungen des Wahrnehmenden in den Mittelpunkt stellt. Nach Ansicht der Gestaltpsychologen spielt bei den geometrisch-optischen Täuschungen die Tendenz zur Wahrnehmung prägnanter Gestalten eine Rolle. Nicht-prägnante Teile des Reizes werden durch die Wahrnehmung zur Prägnanz entzerrt.

So tendieren bei der MÜLLER-LYER-Figur die angehängten Winkelarme hin zur waagerechten Geraden. Phänomenologisch wird dadurch die Strecke a natürlich kürzer als die Strecke b. Die Parallelogramme in der SANDERschen Figur tendieren dazu, Rechtecke zu werden; ein Rechteck ist im Vergleich zum Parallelogramm die prägnantere Figur. Bei Rechtecken ist dann die Diagonale a länger als die Diagonale b. Bei der POGGENDORFschen Täuschung tritt eine Entzerrung zur Rechtwinkligkeit auf. Die Teilstücke der Schräglinie treffen infolge der Prägnanztendenz senkrecht auf die waagerechten Linien und erscheinen dadurch gegeneinander versetzt. Derselbe Mechanismus ist bei der ZÖLLNERschen Täuschung wirksam. Auch bei der PONZOschen Täuschung neigt man dazu, die Winkel zwischen den Querbalken und den Schräglinien als rechte aufzufassen. Dadurch erhält das Bild eine Tiefendimension; der hintere Balken erweckt den Eindruck, größer zu sein als der weiter vorne liegende. Dasselbe trifft für die EHRENSTEINsche Täuschung zu.

Unklar bleibt bei diesen gestaltpsychologischen Erklärungen, weshalb in einzelnen Fällen die Prägnanz bestimmter Figurteile verlorengeht zugunsten der Prägnanz anderer Figurteile, wenn z. B. aus geraden Linien krumme werden oder aus dem Quadrat ein Trapez. Das wirft die Frage auf, ob es eine *Prägnanz-Hierarchie* gibt und wodurch sich eine Figur auszeichnen muß, um mehr oder weniger prägnant zu sein.

3. Erfahrung als Täuschungsursache

Nach einem anderen Erklärungsansatz wird die Tendenz zur Rechtwinkligkeit nicht als Ergebnis einer angeborenen Prägnanztendenz gesehen, sondern als Ergebnis menschlicher Erfahrungs- und Lernprozesse. In der Auseinandersetzung mit seiner Umwelt hat der Mensch gelernt, sich in einer rechtwinklig konstruierten Welt zurechtzufinden. Viele Dinge, mit denen er täglich Umgang hat, sind aus Gründen der Statik und Ökonomie rechtwinklig: die Räume, in denen er sich aufhält, die Geräte, deren er sich bedient. Von daher bringt er eine Bereitschaft mit, Rechtwinkligkeit bevorzugt wahrzunehmen.

Diese Hypothese wird gestützt durch die Befunde einer interkulturellen Untersuchung, in der festgestellt wurde, daß die entsprechenden Täuschungen bei einigen Völkern Asiens und Afrikas, in deren Umgebung relativ wenig rechtwinklige Strukturen vorhanden sind, geringer ausfallen als bei den Völkern der westlichen Kultur. Neben der Bevorzugung von Rechtwinkligkeit ist auch die Bevorzugung der räumlichen Wahrnehmung Ergebnis eines Lernprozesses. Der Mensch hat im praktischen Umgang mit den Dingen seiner Umwelt erfahren, daß diese eine dreidimensionale Erstreckung haben. Diese Dreidimensionalität geht im Wahrnehmungsprozeß zunächst verloren durch die Zweidimensionalität der Netzhautabbildung. Sie muß rekonstruiert werden, damit ein Zurechtfinden in der

Umwelt gewährleistet ist. Enthält nun eine Zeichnung Hinweise, die der Erfahrung nach eine Tiefenerstreckung andeutet – die zusammenlaufenden Linien der Ponzoschen und der Ehrensteinschen Täuschung etwa –, so werden die dazugehörigen Bildteile in die Tiefenerstreckung mit einbezogen, aus den übereinanderliegenden Balken werden hintereinanderliegende, aus dem aufrechtstehenden Quadrat wird ein liegendes Trapez. In der Regel verhilft dieser Mechanismus zu einer realitätsangepaßten, richtigen Wahrnehmung. Im Falle der geometrisch-optischen Täuschungen aber macht die Wahrnehmung Fehler, weil die Zeichnungen widersprüchliche Informationen enthalten – teils flächige Figurteile, teils Figurteile, die eine Tiefendimension andeuten –, die in einer gewissen Art künstlich sind, also nicht den normalerweise vorfindlichen Dingen unserer Umwelt gleichen.

Aber auch mit diesem Ansatz lassen sich die Täuschungen nicht völlig erklären. Wenn es einerseits auch sehr einleuchtend erscheint, daß der Mensch nicht mit einem Sinn für Prägnanz auf die Welt kommt, sondern lernt, bestimmte Gestalten bevorzugt wahrzunehmen, so gilt doch andererseits, daß Erfahrung nicht dazu verhilft, Täuschungen zu vermeiden. Selbst wenn man die Zeichnungen kennt, erlebt man die Täuschungen immer noch.

H. Aufmerksamkeit

1. Aufmerksames Wahrnehmen

Zu den Verarbeitungsprozessen, die beim Wahrnehmen stattfinden, gehört auch die Selektion von Reizimpulsen. Sie kommt zu einem großen Teil durch die Lenkung der Aufmerksamkeit zustande.

Ein geübter Autofahrer kann sein Auto chauffieren und gleichzeitig die Nachrichten aus dem Radio verfolgen. Wenn er an eine Baustelle kommt, konzentriert er sich auf die Maschinen und die Bauabsperrung, die er dicht umfahren muß. Während dieser Zeit hört er nicht, was der Nachrichtensprecher sagt.

Solange Verhaltensweisen gewohnheitsmäßig ablaufen und nicht der ständigen Kontrolle durch die Wahrnehmung bedürfen, kann die Aufmerksamkeit breit streuen oder zwischen zwei, drei Vorgängen hin- und herspringen. Liegt keine Gewohnheitsbildung vor, wie beim Umfahren der Baustelle, dann findet eine Einschränkung der Wahrnehmung auf den kritischen Sachverhalt statt mit dem Bemühen, diesen besonders genau wahrzunehmen. Reize aus dem Umfeld werden dabei weitgehend ausgeblendet und bleiben unbemerkt. Von Caesar wird behauptet, daß er gleichzeitig vier verschiedene Briefe diktieren und einen fünften selbst schreiben konnte. Ob das stimmt, ist nach den Befunden der Aufmerksamkeitsforschung stark anzuzweifeln, denn mehr als einen Vorgang kann man in der Regel nicht mit Aufmerksamkeit verfolgen. Es wäre zu überprüfen, ob Caesar nicht nur standardisierte Floskeln zu Papier gebracht hat und wieviel Zeit er insgesamt benötigte, um alle Briefe fertigzustellen. Wahrscheinlich ist durch das Hin- und Herspringen der Aufmersamkeit und die Suche nach dem Anknüpfungspunkt so viel Zeit verlorengegangen, daß er schneller fertig gewesen wäre, wenn er die Briefe nacheinander diktiert hätte.

Bevor der Autofahrer seine Wahrnehmung auf die Baustelle fokussiert, findet bei ihm eine Orientierungsreaktion statt. Sie wird durch das erste wahrgenommene Baustellensignal hervorgerufen, das eine Unterbrechung der Routine ankündet. Sie vollzieht sich unwillkürlich und stimmt den Organismus auf die neue Situation ein. Ihren Ausdruck findet sie in der Motorik (angespanntere Haltung, Kopf- und Augenbewegung zur Reizquelle hin), in Reaktionen der Sinnesorgane (Pupillenerweiterung, Schwellenerniedrigung) und in verschiedenen vegetativen Reaktionen (Herzschlagbeschleunigung, Schweißabsonderung).

Beim Passieren der Baustelle bleiben die Augen des Autofahrers auf den Nahbereich eingestellt. Er fixiert Bauzaun und Maschinen, während er dicht vorbeisteuert. Die vielfachen und oft unmerklichen Augenbewegungen, die er dabei vollzieht, nennt man *Sakkaden*. Man kann sie mit einer Spezialkamera festhalten. Untersuchungen haben gezeigt, daß etwa drei bis fünf Sakkaden pro Sekunde üblich sind: Ein Augenblick dauert also 0,2 bis 0,3 Sekunden. Zieht man davon die Zeit ab, die zur Weiterleitung der Impulse nötig ist, dann bleiben für jeden Augenblick 0,1 Sekunden Verarbeitungszeit. Allerdings erlebt man die Augenblicke nicht in dieser Kürze, sondern reiht sie übergangslos zu einem kontinuierlichen Wahrnehmungserlebnis aneinander, ähnlich wie man auch bei einem Film nicht die einzelnen Bilder wahrnimmt, sondern die durchgehende Bewegung. Die Untersuchungen mit den Augenbewegungskameras haben auch gezeigt, daß bedeutungs- und informationsreiche Stellen häufiger und länger mit den Augen aufgesucht werden.

2. Analyse-durch-Synthese

NEISSER, ein amerikanischer Wahrnehmungspsychologe, bezeichnet den Wahrnehmungsprozeß, ausgehend von den sakkadischen Augenbewegungen, als eine Analyse-durch-Synthese. Die Synthese besteht darin, daß die verschiedenen Momentaufnahmen zu einer Wahrnehmung zusammengefügt werden. Die Analyse wird geleistet, indem jede Momentaufnahme des Reizes verglichen wird mit einem schematischen Modell dieses Reizes, das Produkt von Erfahrung und von vorauslaufenden Momentaufnahmen ist. Die aktuelle Momentaufnahme wird dem Modell hinzugefügt und stabilisiert oder modifiziert es. Bevor die Analyse-durch-Synthese geleistet werden kann, muß das wahrnehmende Individuum aber schon Hinweise bekommen haben, auf welches Modell es beim Vergleich zurückgreifen kann; eine grobe Figur-Grund-Gliederung des Reizes muß also schon stattgefunden haben. NEISSER nimmt an, daß dabei ein Mechanismus abläuft, bei dem eine globale Vorverarbeitung der Reize stattfindet, die der Analyse-durch-Synthese vorgeschaltet ist.

3. Unbewußte Vorverarbeitung

Für die Existenz einer solchen Vorverarbeitungsphase sprechen auch die Befunde zum sogenannten *Cocktail-Party-Problem*. Dabei geht es um folgenden Sachverhalt: In einem Raum, in dem sich viele Menschen in Gruppen unterhalten, hört man die Stimmen der eigenen Gesprächspartner klar und deutlich vor dem Hintergrund eines allgemeinen Stimmengewirrs. Man bekommt von der Unterhaltung in den anderen Gruppen nichts mit, bis dort plötzlich der Name einer Person genannt wird, an der man interessiert ist. Jetzt verfolgt man mit Aufmerksamkeit das Gespräch in der Nachbargruppe und kann sich nur noch mühsam auf die ersten Gesprächspartner konzentrieren. Ähnlich würde es dem Autofahrer ergehen, wenn beim Passieren der Baustelle der Nachrichtensprecher seinen Namen durchgeben würde. Obwohl man also nichts wahrnimmt von den Reizen aus dem weiteren Umfeld, reagiert man doch sofort auf ein bedeutungsvolles Signal von dort.

Man nimmt offensichtlich doch alle Reize auf, auch die aus dem weiteren Umfeld, auf die man sich nicht konzentriert, denn sonst könnte man die Unterscheidung zwischen bedeutungsvoll und unbedeutend ja nicht leisten. Die Selektion in bedeutend und unbedeutend findet in einer unbewußten Vorverarbeitungsphase der Wahrnehmung statt, in der auch die Modellsuche abläuft, bevor die Analyse-durch-Synthese einsetzt. Das Bedeutsame wird weiterverarbeitet, das Unbedeutende zerfällt aufgrund hemmender Impulse aus der Großhirnrinde und wird deshalb auch nicht gehört oder gesehen.

4. Aufmerksamkeitserregende Reize

Welche Reize werden als bedeutsam empfunden und erregen Aufmerksamkeit? Das sind die Reize, die einen Kontrast herstellen oder eine Veränderung des Gewohnten signalisieren. So erregt ein Schaufenster Aufmerksamkeit, in dem Nudeln, Körner und Gewürze zu Bergen aufgeschüttet sind – normalerweise sieht man diese Produkte nur in Schachteln abgepackt in Regalen stehen. Ein nackter Busen im Schwimmbad zieht die Blicke auf sich, wenn es unüblich ist, oben ohne zu baden; dagegen fällt eine Person im Badeanzug auf, wenn sie sich unter Nackten bewegt. Aufmerksamkeitserregend sind auch Reize, die durch Größe,

Intensität und Bewegung auffallen. Davon macht die Werbung viel Gebrauch. Schriftzüge an Läden sind oft übertrieben groß, schockfarben, und ihre Beleuchtung geht an und aus. Das erregt Aufmerksamkeit, aber nur, solange nicht die ganze Straße voll solcher Schriftzüge ist. Wenn das der Fall ist, dann richtet sich die Aufmerksamkeit leicht wieder auf das Ausgefallene, auf Schwarz-Weiß-Reklameschilder aus Emaille im Design von vorgestern. Allerdings sind bewegte Reize generell geeigneter, Aufmerksamkeit auf sich zu lenken.

Neben den Merkmalen eines Reizes – Kontrast, Größe, Intensität und Bewegung – hängt es natürlich auch sehr stark von den Erwartungen, Einstellungen und aktuellen Bedürfnissen einer Person ab, was ihre Aufmerksamkeit gewinnt.

I. Der Einfluß sozialer Determinanten auf die Wahrnehmung

Erwartungen, Einstellungen, Bedürfnisse und Gefühle steuern die Aufmerksamkeit und nehmen so Einfluß auf den Wahrnehmungsprozeß. Sie bewirken, daß Objekte und Ereignisse besonders schnell und leicht erfaßt werden oder größer und intensiver erscheinen, als sie sind.

1. Erwartungen und Einstellungen

Es gibt viele alltägliche Beispiele dafür, wie Erwartungen die Wahrnehmungen beeinflussen. Wenn eine Person täglich um 17.00 Uhr vor dem Haus vorfährt, dann erwartet man um diese Zeit das typische Motorengeräusch ihres Autos und hört es auch. Andere Autos, die früher oder später kommen, registriert man dagegen nicht. Oder man erwartet, daß Frauen schlechtere Autofahrerinnen sind; dann sieht man auch nur die, die besonders unsicher fahren, und nicht die, die sich ganz souverän im Verkehr bewegen. Erwartungen können zustandekommen aufgrund einmaliger Hinweise oder aufgrund wiederholter Erfahrungen. Je intensiver und häufiger eine Erfahrung stattfindet, desto langlebiger ist die daraus entstehende Erwartungshaltung, und desto nachhaltiger kann diese die Wahrnehmung beeinflussen. Die langlebige Erwartungshaltung kann schließlich zu einer ganz bestimmten Weltanschauung führen und regelmäßig Wahrnehmungstäuschungen hervorrufen.

Auch sprachliche Benennungen und Instruktionen führen zu Erwartungshaltungen und damit zu einem schnelleren und leichteren Erkennen der Objekte. Entsprechend lernen Kinder leichter, Gegenstände zu identifizieren und zu unterscheiden, wenn sie die Bezeichnungen für diese Gegenstände kennen.

Der Einfluß sozialer Determinanten auf die Wahrnehmung 41

Dinge, die man schätzt, werden oft größer wahrgenommen, als sie sind. BRUNER und GOODMAN führten dazu ein sehr bekannt gewordenes Experiment durch. Ihre Vpn waren zehnjährige Kinder, denen kleine Pappscheiben und Münzen vorgelegt wurden. Sie sollten an einem Gerät eine Lichtscheibe jeweils so einstellen, daß sie dieselbe Größe hatte wie die Pappscheiben und Münzen. Es stellte sich heraus, daß die Kinder die Größe der verschiedenen Pappscheiben kaum überschätzten, aber die der Münzen ganz erheblich. Die Psychologen stellten dann noch fest, daß die Größenüberschätzung der Münzen bei den Kindern armer Eltern deutlicher ausfiel als bei denen reicher Eltern. Unterschiedliche Erfahrungen im Umgang mit Münzen und ihr unterschiedlicher Wert für die Kinder haben den Wahrnehmungsprozeß offensichtlich beeinflußt. Aus einer anderen Untersuchung geht hervor, daß ein- und dieselbe Person bezüglich ihrer Körperlänge um so größer eingestuft wird, je nachdem, ob man sie als Student, Dozent oder Professor vorgestellt bekommt.

2. Bedürfnisse und Gefühle

Man kann hundertmal durch eine Straße gegangen sein, ohne zu wissen, ob und wo dort ein Briefkasten ist. Trotz ihrer leuchtenden Farbe nimmt man Briefkästen erst wahr, wenn man einen abzusendenden Brief mit sich herumträgt. Geht man hungrig durch diese Straße, hat man vorwiegend Augen für Bäckereien, Imbißstuben und Restaurants.

In Experimenten wurden den Vpn ganz kurz verschwommene Bilder vorgeführt, deren Inhalt zu identifizieren war. Es zeigte sich, daß die Vpn, die vor dem Versuch längere Zeit nichts essen durften und dementsprechend hungrig waren, mehr nahrungsbezogene Objekte auf den Abbildungen sahen als gesättigte Vpn. Ebenso wurden Wörter, die mit Essen zu tun hatten, von den hungrigen Vpn schneller erkannt. Man benutzt für solche Wahrnehmungsexperimente übrigens ein *Tachistoskop*. Das ist ein Apparat, mit dem man Abbildungen für Sekundenbruchteile vorführen kann. Die Vorführzeit kann sukzessiv erhöht werden, bis es der Vp gelingt, etwas richtig zu erkennen.

Auch Gefühle beeinflussen die Wahrnehmung. Nach einem Gruselfilm ist man besonders sensibel für leise Geräusche und Schatten. Kinder nahmen nach einem aufregenden Mörderspiel auf Porträtfotos viel mehr boshafte Personen wahr als vor dem Spiel. Wenn man verliebt ist, sieht man „die Welt mit anderen Augen", angeblich wird sie rosa. An einem Tag mit wechselhaftem Wetter registriert der Verliebte den Sonnenschein, der Niedergeschlagene nimmt den Regen wahr.

3. Die Wahrnehmungshypothese

Aufgrund all dieser Beobachtungen und Untersuchungsbefunde entwickelten BRUNER und GOODMAN ihre Theorie von der Wahrnehmungshypothese. Dabei gehen sie von der Unterscheidung zwischen autochthonen und verhaltensmäßigen Determinanten aus, die auf die Wahrnehmung Einfluß nehmen. Unter autochthonen Determinanten verstehen sie die vermutlich angeborenen Strukturierungsprozesse bei der Reizverarbeitung; verhaltensmäßige Determinanten sind Erwartungen, Einstellungen, Gefühle und Bedürfnisse, die im Kontakt mit der Umwelt meist erworben wurden. In der Regel spricht man hierbei von sozialen Determinanten.

Die verhaltensmäßigen oder sozialen Determinanten führen dazu, daß der Organismus eine Wahrnehmungshypothese aufstellt, die ihn auf die Wahrnehmung der erwarteten oder erwünschten Reize einstellt und so schon vor dem Wahrnehmungsprozeß eine Tendenz hervorruft, bestimmte Reize wahrzunehmen und andere zu übersehen. Entsprechend wird die Aufmerksamkeit gelenkt, und es tritt eine Sensitivierung für die betreffenden Reize ein. Kommt eine Wahrnehmung im Sinne der Hypothese zustande, so wird die Hypothese dadurch verstärkt. Je schwächer übrigens die Hypothese ist, um so weniger bestätigende Information braucht sie für ihre Verstärkung. Widerspricht das wahrgenommene Reizmaterial aber deutlich der Hypothese, so wird die vorausgegangene Hypothese geschwächt und im Wiederholungsfall durch eine andere, vielleicht differenziertere, ersetzt.

4. Wahrnehmungabwehr

In den bisherigen Beispielen lief die Beeinflussung der Wahrnehmung durch soziale Determinanten darauf hinaus, daß Reize, deren Wahrnehmung erwartet oder erwünscht war, besonders schnell und akzentuiert wahrgenommen wurden. Man kann aber auch die Kehrseite dieses Prozesses beobachten: Unerwartete oder unangenehme Reize werden nicht oder nur zögernd wahrgenommen. Man nennt diesen Vorgang Wahrnehmungsabwehr; in der Psychoanalyse spricht man von Verleugnung und Verdrängung.

Wenn unter verschiedenen Bildvorlagen, die man tachistoskopisch vorführt, Wörter oder Szenen mit tabuisiertem Inhalt sind – meist wählt man sexuelle Inhalte –, dann nehmen Vpn diese Abbildung nur sehr verzögert wahr. In einem anderen Versuch sollten sinnlose Silben erkannt werden. Ein Teil der Silben war vorher mit einem leichten elektrischen Schock kombiniert worden und erhielt dadurch eine angstauslösende Signalwirkung. Bei der anschließenden tachistoskopischen Darbietung, bei der nicht mehr geschockt wurde, erkannten die Vpn die neutralen Silben schneller als die angstauslösenden. Bei letzteren traten noch vor dem Erkennen vegetative Reaktionen auf, die auf Angst und Abwehr schließen ließen.

Der Prozeß der Wahrnehmungsabwehr enthält eine Widersprüchlichkeit: Wenn man ein Tabuwort verzögert wahrnimmt, so muß man es schon als bedrohlich erkannt haben, noch bevor man es richtig wahrnimmt. Diese Ungereimtheit läßt sich auch nur erklären mit Hilfe eines unbewußten globalen Vorverarbeitungsmechanismus, der der Analyse-durch-Synthese-Arbeit und der bewußten Wahrnehmung vorausgeht.

Auch im Alltag finden sich Beispiele für Wahrnehmungsabwehr. So übersieht man eine Einladung am Schwarzen Brett der Schule, weil man keine Lust zur Teilnahme an weiteren Veranstaltungen hat; man übersieht, daß die Waschmaschine gelaufen, aber noch voll beladen ist, weil man das Wäscheaufhängen gerne umgeht, man überhört den Schlag der Uhr, weil man noch nicht nach Hause möchte.

K. Die Wahrnehmung des menschlichen Gesichts

Man kann zwischen Dingwahrnehmung und Personwahrnehmung unterscheiden; von Personwahrnehmung spricht man, wenn das Wahrnehmungsobjekt ein Mensch oder die Abbildung eines Menschen ist. Bei der Personwahrnehmung werden alle Prinzipien wirksam, die auch bei der Dingwahrnehmung gelten: Es finden Strukturierungsprozesse statt, Konstanzphänomene treten auf, und soziale Determinanten nehmen Einfluß. Ein Unterschied zur Dingwahrnehmung besteht jedoch darin, daß sehr oft von äußeren, beobachtbaren Merkmalen auf innere, nicht unmittelbar beobachtbare geschlossen wird, z. B. auf die Absichten und Fähigkeiten einer Person. Wahrnehmungs- und Beurteilungsprozesse vermischen sich bei der Personwahrnehmung viel stärker als bei der Dingwahrnehmung.

1. Gesichtszüge

Eine Forschungsrichtung in der Personwahrnehmung konzentriert sich auf die Ausdrucks- und Eindruckswirkung des menschlichen Gesichts. Das Gesicht gibt ja nach populärer Auffassung am ehesten Auskunft über die momentane Befindlichkeit eines Menschen und über seine überdauernden Eigenschaften. In den Massenmedien werden oft nur die Gesichter von Menschen und nicht ihre ganze Erscheinung abgebildet.

Im Wiener Psychologischen Institut wurden Untersuchungen durchgeführt, die sich mit der Frage befaßten, wie einzelne Gesichtsmerkmale wahrgenommen und beurteilt werden. Man arbeitete dabei mit schematisierten Strichgesichtern, bei denen man Nasenlänge, Mundhöhe und -breite, Augenabstand usw. systematisch variieren konnte. Ergebnis dieser Untersuchungen war, daß Augenbrauenform,

Augenabstand und Nasenlänge besonders ausdrucksstark sind und je nach Position oder Länge einen ganz verschiedenen Eindruck hervorrufen.

Abb. 17: Schematisiertes Strichgesicht

Diese experimentellen Befunde lassen aber wenig Rückschlüsse auf Wahrnehmungs- und Urteilsprozesse im Alltag zu. Da werden nämlich die Gesichtsmerkmale nicht einzeln betrachtet, sondern immer in ihrer jeweiligen Kombination. Und das Ganze ist ja bekanntlich mehr als die Summe seiner Teile. Außerdem werden Körperbau, Bewegungen und die Situation, in der sich etwas abspielt, mit in den Erkenntnisprozeß einbezogen. Kann man aufgrund von Gesichtsmerkmalen überhaupt etwas über die Persönlichkeit eines Menschen aussagen? Das ist nur mit sehr vielen Vorbehalten möglich. Angeborene und festliegende Merkmale können keine Indikatoren für erworbene und veränderbare Eigenschaften sein. Man kann also nicht aus der Stirnhöhe auf die intellektuellen Fähigkeiten eines Menschen schließen. Oft kommt es aber zu solchen falschen Analogieschlüssen: Denkerstirn – viel Gehirn, krause Haare – krauser Sinn, breite Lippen – kußfreudig, grobe Gesichtszüge – grobes Gemüt.

Von den angeborenen physiognomischen Merkmalen müßte man – was sich in der Praxis aber als schwierig erweist – den mimischen Ausdruck eines Gesichts unterscheiden. Ein Lächeln kann auf Fröhlichkeit verweisen, zusammengezogene Augenbrauen können Anstrengung oder Ärger signalisieren. Bei häufiger Wiederholung können sich diese mimischen Reaktionen zu Lachfältchen oder Zornesfalten verfestigen. Aus solchen verfestigten mimischen Reaktionen ließen sich Rückschlüsse auf die Persönlichkeit ziehen, wenn man dabei die angeborenen und nicht beeinflußbaren Teile der Physiognomie außer Betracht lassen könnte.

2. Mimische Reaktionen

Ein Fehler, der bei der Wahrnehmung mimischer Reaktionen oft gemacht wird, besteht darin, daß aus einer einzelnen beobachteten Reaktion eine überdauernde Eigenschaft abgeleitet wird. Dabei vergißt man, daß auch ein Griesgram einmal lächelt und auch ein fröhlicher Mensch einmal niedergeschlagen sein kann. Läßt sich aus der mimischen Reaktion etwas über die aktuelle Befindlichkeit eines Menschen aussagen? Es gibt Untersuchungsbefunde, denen zufolge die Emotionen Glück, Traurigkeit, Wut, Furcht, Ekel, Verachtung, Scham und Interesse am Gesichtsausdruck gut ablesbar sind. Man stellte fest, daß Menschen solche Gefühle weitgehend übereinstimmend zum Ausdruck bringen, wenn nicht soziale Normen sie veranlassen, diese Gefühle zu überspielen. DARWIN bezeichnete die mimischen Gefühlsausdrücke als phylogenetische Gewohnheiten, in denen die animalische Vergangenheit des Menschen noch sichtbar ist. Eine phylogenetische Gewohnheit wäre z. B., daß Menschen bei großer Wut ihre Zähne blecken, als ob sie ihren Widersacher anfallen und beißen wollten. Die phylogenetischen Gewohnheiten sind aber vielfach überlagert durch kultur- und schichtspezifische und individuelle Gewohnheiten, so daß das animalische Erbe nicht immer so klar erkennbar ist. Das richtige Erkennen eines Gefühlsausdrucks muß gelernt werden, auch wenn es sich schließlich automatisch und intuitiv abspielt.

Ganz im Widerspruch zur populären Meinung, daß Gesicht und Augen am ehesten spiegeln, ob jemand die Wahrheit sagt oder nicht, stehen experimentelle Befunde. In einer Untersuchung wurden Vpn Filmspots vorgeführt, in denen Personen hin und wieder logen. Die Vpn, die nur den Körper und nicht das Gesicht der Personen sahen, identifizierten die Lügen viel besser als die Vpn, die nur das Gesicht sahen. Deren Trefferquote lag sogar noch unter dem zu erwartenden Zufallswert. Vermutlich kontrollieren Menschen ihr Gesicht sehr stark beim Lügen, weil sie erwarten, daß die Umwelt auf Gesicht und Augen besonders achtet.

3. Körpersprache

Es gibt auch viele Befunde darüber, was bestimmte Bewegungen und Körperhaltungen aussagen, sei es, daß man zu ihrer Erklärung auf phylogenetische Gewohnheiten zurückgreift, sei es auf kulturelle und schichtspezifische Normen oder individuelle Absichten. Das Problem ist, daß sich die Ergebnisse solcher Befunde über Körpersprache schlecht verallgemeinern lassen und immer nur einen ganz begrenzten Aussagewert haben. So fand man in einer amerikanischen Untersuchung heraus, daß Patientinnen vor einer Operation weniger Angst hatten, wenn sie von einer Krankenschwester die Operation vorher genau erklärt bekamen und dabei von ihr angefaßt wurden. Mehr Angst hatten dagegen die Patientinnen, denen auch alles erklärt wurde, die aber dabei nicht angefaßt wurden. Anderererseits: Wenn man einer anderen Person die Hand auf die Schulter legt, so ist das nicht immer eine liebevolle, unterstützende Geste; sie kann auch dominant und unterdrückend sein, je nachdem, in welcher Beziehung und in welchem Kontext sie sich abspielt. Texte, in denen lexikonartig aufgezählt wird, was eine bestimmte Geste zu bedeuten hat, sind unzuverlässig, weil sie die Einbettung in den Kontext vernachlässigen.

L. Eindrucksbildung und Beurteilungsfehler

Untersuchungen zur Eindrucksbildung nehmen in der Personwahrnehmung einen breiten Raum ein. Sie befassen sich mit der Frage, wie Informationen über andere Menschen zu einem Eindruck zusammengefügt werden und welche Fehler dabei unterlaufen können.

1. Die AscH-Experimente

Ein sehr bekanntes Experiment zu diesem Fragenkomplex wurde von dem Gestaltpsychologen AscH durchgeführt. Er las seinen Vpn eine Liste mit Eigenschaftswörtern vor und bat sie, sich eine Person mit diesen Eigenschaften vorzustellen und zu beschreiben. Die Liste enthielt die Eigenschaften: intelligent, geschickt, fleißig, warmherzig, entschlossen, praktisch, vorsichtig. In einer zweiten Vpn-Gruppe tauschte AscH in der Liste die Eigenschaft „warmherzig" gegen „kalt" aus; sonst blieb alles gleich. AscH stellte fest, daß alle seine Vpn in der Lage waren, sich aufgrund der vorgegebenen Eigenschaften ein Bild von der Person zu machen. Dieses Bild war in sich stimmig und enthielt ergänzende Informationen, die nicht in der vorgegebenen Liste vorkamen. Weiter stellte AscH fest, daß die Eigenschaften „warmherzig" bzw. „kalt" einen starken Einfluß auf die Charakterisierungen hatten. Bei der warmherzigen Version fielen die Beschreibungen insgesamt positiver aus als bei der kalten, und wenn anschließend auf einer weiteren Liste Eigenschaften angekreuzt werden mußten, die zu der vorgestellten Person paßten, dann wählten die Vpn, die von Warmherzigkeit ausgingen, viel häufiger die Begriffe „großzügig", „glücklich" und „gesellig". AscH nahm an, daß „warmherzig" und „kalt" zentrale Eigenschaften sind, die als Kern einer Persönlichkeit verstanden werden und deshalb auf die anderen Eigenschaften positiv oder negativ abfärben. Man nennt das einen *Halo-* oder *Hofeffekt,* weil die zentrale Eigenschaft wie der Mond einen Hof hat, der auf das Umfeld ausstrahlt. Als AscH statt „warmherzig" und „kalt" die Begriffe „höflich" und „ungeschliffen" einsetzte, ergab sich dieser Hofeffekt nicht.

Eindrucksbildung und Beurteilungsfehler 47

In einer ähnlichen Versuchsreihe konnte ASCH nachweisen, daß auch die Erstinformation, die man über eine Person erhält, diesen Hoffeffekt ausübt. So war es keinesfalls gleichgültig, in welcher Reihenfolge er die Eigenschaften vorlas. Es entstand ein positiverer Eindruck, wenn ASCH einen Menschen als „intelligent, fleißig, impulsiv, kritisch, halsstarrig und mißgünstig" beschrieb, als wenn er genau dieselbe Liste von hinten nach vorne vortrug. Die Erstinformation bildet also eine Art Bezugsrahmen für die folgenden Informationen. Ähnlich verhält es sich mit dem ersten Eindruck, den man von einem Menschen gewinnt. Er beeinflußt die Art der folgenden Wahrnehmungs- und Interaktionsprozesse.

2. Implizite Persönlichkeitstheorien

ASCHs Befunde verweisen auf die große Bedeutung impliziter Persönlichkeitstheorien für die Personwahrnehmung. Unter impliziten Persönlichkeitstheorien versteht man die privaten Vorstellungen von Menschen darüber, welche Eigenschaften wichtig sind, in welchen Kombinationen sie auftreten und wie Menschen sich jeweils verhalten. Implizite Persönlichkeitstheorien schließen allgemeine Stereotypen mit ein und versehen sie mit persönlichen Varianten. So kann eine implizite Persönlichkeitstheorie beinhalten, daß Warmherzigkeit bzw. Kälte zentrale menschliche Eigenschaften sind, daß warmherzige Menschen nicht gleichzeitig unglückliche oder ungesellige Menschen sein können oder daß mißgünstige Menschen Intelligenz und Fleiß nur einsetzen, um andere auszustechen.

Einen Nachweis für die Wirksamkeit impliziter Persönlichkeitstheorien erbrachte DORNBUSCH, der im Rahmen eines Ferienlagers 9 – 11jährige Kinder ihre Zeltmitbewohner beschreiben ließ. Bei der Analyse der Beschreibung zeigte sich, daß die Berichte, die von einem Kind über verschiedene andere Kinder verfaßt worden waren, inhaltlich mehr Übereinstimmungen aufwiesen als die Berichte, die von verschiedenen Kindern jeweils über ein Kind angefertigt worden waren. Die Berichte gaben also mehr Auskunft über die impliziten Persönlichkeitsannahmen der wahrnehmenden als über die Merkmale der wahrgenommenen Personen.

Eine implizite Persönlichkeitstheorie kann auch beinhalten, daß bei anderen Menschen eine bestimmte Eigenart und daraus resultierendes Verhalten gehäuft auftreten, etwa derart, daß man alle Menschen für geizig hält. In solchen Fällen handelt es sich meist um die *Projektionen* eigener Schwächen und Fehler, die man bei sich selbst leugnet und die man stattdessen anderen Menschen unterstellt. Man wacht dann mit Argusaugen darüber, ob andere sich die Blöße geben, die man bei sich selbst nicht sieht. So hält der Geizige sich für sparsam und vernünftig im Umgang mit Geld, achtet aber eifrig darauf, ob andere geizig oder kleinlich sind. Dabei legt er viel strengere Maßstäbe an als bei sich selbst. Wenn die anderen Menschen sich gegen seinen Geiz zur Wehr setzen und irgendwann nicht mehr großzügig sind ihm gegenüber, dann fühlt der Geizige sich in seinem Eindruck bestätigt und gleichzeitig berechtigt, noch sparsamer als bisher zu sein.

3. Wichtige Beurteilungstendenzen

a) Der erste Eindruck

Der erste Eindruck, dem man so gerne traut, bleibt von solchen Beurteilungsfehlern natürlich nicht verschont. Daß er immer der beste ist, muß man ohnehin als unlogisch zurückweisen, denn seine Richtigkeit kann man ja nur an späteren Eindrücken messen. Aber er ist objektiv bedeutsam, weil man sich bei den folgenden Interaktionen an ihm orientiert und weil er die Art der Beziehung von Anfang an mitbestimmt. Er wird auch subjektiv als bedeutsam erlebt, denn er vermittelt eine Fülle von neuen Informationen und in manchen Fällen auch ein spontanes Sympathiegefühl, auf das man sich später gerne beruft, wenn sich herausstellt, daß man damit richtig lag. Das Sympathiegefühl ergibt sich aus einer wahrgenommenen Ähnlichkeit in den zentralen Eigenschaften und aus der interessierten Resonanz der Gegenseite. Angesichts der vielen Beurteilungsfehler, die einem unterlaufen können, mag ein gewisser Trost darin liegen, daß man Personen, die einem ähnlich sind – sei es bezüglich des Alters, des Bildungsstandes oder der zentralen Eigenschaften –, in der Regel differenzierter und richtiger wahrnimmt als andere.

Das ist auch der Grund, warum Homosexuelle mit großer Sicherheit die Homosexualität anderer Menschen diagnostizieren können, während Heterosexuelle in dieser Hinsicht oft ein Brett vor dem Kopf haben. Der Ähnlichkeitsvorteil führt dazu, daß man sich bei Sympathie nicht so oft täuscht. Hinzu kommt natürlich, daß man auch einiges unternimmt, um die Gegenseite für sich zu gewinnen und um sich selbst zu bestätigen.

b) Gute Menschenkenntnis

Ein Typ *guter Menschenkenner* konnte in der psychologischen Forschung bisher noch nicht identifiziert werden. Natürlich wächst die Fähigkeit zur differenzierten Personwahrnehmung mit zunehmenden Erfahrungen. Kinder sind undifferenzierter und naiver in der Wahrnehmung und Beurteilung anderer Menschen. Andererseits sind sie aber auch noch weniger voreingenommen, während sich bei Erwachsenen die Beurteilungsfehler stabilisieren und zu Ideologien verhärten können. Auch Psychologen leisten, was intuitive Menschenkenntnis angeht, nicht mehr oder weniger als Angehörige anderer Berufe, in denen man mit Menschen zu tun hat. Allerdings kann die Kenntnis der verschiedenen Beurteilungsfehler dazu beitragen, daß Urteile über andere Menschen vorsichtig formuliert und für Korrekturen offengehalten werden. Gleichzeitig ist dafür ein hohes Maß an Ambiguitätstoleranz erforderlich. Das ist die Fähigkeit, Widersprüche oder Ungereimtheiten bei der Wahrnehmung anderer Menschen zu ertragen, ohne diese gleich durch ein vorschnelles entweder – oder aufheben zu wollen.

M. Attribuierungen und Erwartungseffekte

1. Internale und externale Attribuierung

Personwahrnehmung findet im täglichen Leben unter viel komplexeren Bedingungen statt als im psychologischen Versuch. Man hat es nicht mit Porträtfotos oder Eigenschaftslisten zu tun, sondern beobachtet Menschen, die sich in bestimmten Situationen in einer bestimmten Art und Weise verhalten. Dabei registriert man nicht nur, wie sie sich verhalten, sondern man legt sich auch Erklärungen zurecht, warum sie sich so und nicht anders verhalten. Die Art und Weise, wie man ein beobachtetes Verhalten erklärt und begründet, nennt man Attribuierung oder Ursachenzuschreibung. Ebenso wie implizite Persönlichkeitstheorien und soziale Wahrnehmungsdeterminanten können sie den Eindruck von anderen Menschen mitbestimmen.

Nach HEIDER lassen sich umweltbezogene oder externale Attribuierungen von persönlichen oder internalen unterscheiden. Von umweltbezogener, externaler Attribuierung spricht man, wenn als Ursache für ein Verhalten der situative Kontext, also die sachlichen und normativen Bedingungen der Umwelt, herangezogen werden. Persönliche, internale Attribuierung liegt vor, wenn ein Verhalten auf die Eigenschaften, Fähigkeiten oder Absichten eines Menschen zurückgeführt wird. Für denjenigen, über den man sich ein Urteil bildet, kann dieser Unterschied von großer Bedeutung sein. Ein Arbeitsloser wird noch deprimierter werden, wenn man ihm Faulheit unterstellt und nicht die Lage auf dem Arbeitsmarkt als Grund für seine Situation heranzieht.

HEIDER stellte fest, daß persönliche Attribuierungen vor allem dann vorgenommen werden, wenn ein ungewöhnliches Verhalten bei einer Person häufiger zu beobachten ist und wenn man die Absichten und Fähigkeiten der Person zu kennen glaubt. Das eigene Verhalten wird sehr häufig umweltbezogen attribuiert, das Verhalten anderer dagegen eher persönlich. Das liegt daran, daß man die Variabilität des eigenen Verhaltens kennt und weiß, wie verschieden man je nach Situation reagiert. Andere Menschen halten dagegen das betreffende Verhalten oft für typisch, weil sie die Einzelbeobachtung auf unzulässige Weise verallgemeinern. Hinzu kommt, daß umweltbezogene Attribuierungen bei unerfreulichen Verhaltensweisen einen Schutz für das eigene Selbstwertgefühl darstellen.

Schutzfunktion haben manchmal auch die persönlichen Attributierungen des Verhaltens anderer. WALSTER stellte fest, daß man Opfern von Verbrechen, Katastrophen oder Rezessionen vielfach auf irrationale Weise unterstellt, sie seien doch irgendwie selbst schuld an ihrem Unglück. Vermutlich dient das der persönlichen Absicherung, daß einem selbst so ein Unglück nicht widerfahren kann. Würde man in solchen Fällen umweltbezogen attribuieren, müßte man gleichzeitig auch einkalkulieren, daß man ebenso unverschuldet und zufällig zum Opfer werden kann, und das wäre natürlich sehr beunruhigend. Entsprechend verschieden fallen auch Attribuierungen aus, wenn zwei Menschen dasselbe ungeschickte Verhalten zeigen, aber der eine von ihnen Glück hat, und es kommt niemand zu Schaden, der andere verursacht vielleicht einen Todesfall. Die Ungeschicklichkeit ohne nennenswerte Folgen wird gerne umweltbezogen attribuiert, während die mit den schlimmen Folgen auf Leichtsinn oder Selbstüberschätzung des Täters zurückgeführt und in seine Verantwortung gestellt wird. Auch in der Rechtsprechung verfährt man so.

2. Die ROSENTHAL-Experimente

Daß die Eindrücke, die man von Menschen hat, die folgenden Interaktionen und damit auch das Verhalten der anderen Menschen in starkem Maße beeinflussen können, hat ROSENTHAL in seinen Experimenten zum *Pygmalion-Effekt* sehr eindrucksvoll gezeigt. In einem der ersten Experimente seiner Versuchsreihe forderte ROSENTHAL seine Studenten auf, mit Ratten Lernversuche durchzuführen. Sie sollten die Tiere darauf dressieren, auf dem schnellsten Weg durch ein Labyrinth zu laufen. Die Hälfte der Studenten bekam angeblich dumme Ratten, d. h. Ratten aus Züchtungen, bei denen die Vorfahren sich bei Dressurversuchen als sehr begriffsstutzig erwiesen hatten; die andere Hälfte durfte mit angeblich klugen Ratten arbeiten. Tatsächlich kamen die Ratten aber alle aus demselben Stall und wurden ganz nach Zufall aufgeteilt. Es zeigte sich aber, daß die Studentengruppe mit den angeblich klugen Ratten bessere Dressurleistungen bei den Tieren erreichte als die Gruppe mit den angeblich dummen Ratten. Offensichtlich hatten die Vorinformationen den Eifer und das Geschick der Studenten so stark beeinflußt, daß sich dies auf die Leistungen der Tiere niederschlug.

In einer folgenden Studie überprüfte ROSENTHAL, ob solche Erwartungseffekte auch in Schulen wirksam werden können. Er führte in 18 Klassen des 1. bis 6. Schuljahrs mit allen Kindern Intelligenztests durch und wertete diese aus. Dann suchte er nach dem Zufallsprinzip einige Kinder aus, die er den Klassenlehrern als besonders intelligent und lernfähig meldete. Nach einem Jahr wiederholte er die Intelligenztests mit allen. Es zeigte sich, daß in der 1. und 2. Klasse die Kinder, die angeblich besonders intelligent waren, erheblich größere Leistungsverbesserungen im Test zustandebrachten als die Kinder, über die nichts Besonderes ausgesagt worden war. Auch in den höheren Klassen traten solche Leistungsverbesserungen auf, aber sie fielen nicht so deutlich aus.

ROSENTHALS Mitteilung über bestimmte Kinder, daß sie besonders intelligent seien – was aber gar nicht stimmte, denn es waren zufällig ausgewählte Kinder –, hat bei den Lehrern offensichtlich zu einer hohen Erwartungshaltung diesen Kindern gegenüber geführt und diese daraufhin tatsächlich klüger werden lassen. Da sich die Erwartungshaltung nicht irgendwie atmosphärisch den Kindern mitgeteilt haben kann, sondern in konkreten Verhaltensweisen ihren Ausdruck gefunden haben muß, wurden weitere Untersuchungen durchgeführt, in denen man beobachtete, ob Lehrer mit guten Schülern anders umgehen als mit schlechten und worin der Verhaltensunterschied besteht. Man fand heraus, daß Lehrer guten Schülern gegenüber mehr freundliches und wohlwollendes Verhalten zeigen; sie rufen die guten Schüler häufiger auf, stellen ihnen schwierigere Fragen und geben ihnen klarere Rückmeldungen darüber, ob ihre Antworten richtig oder falsch sind. Insgesamt werden gute Schüler mehr gelobt als getadelt. Umgekehrt werden schlechte Schüler weniger freundlich behandelt, seltener aufgerufen, sie bekommen leichtere Fragen – wenn sie sie richtig beantworten, ist das auch kein großes Plus – und weniger Zeit zur Beantwortung. Damit drückt der Lehrer indirekt aus, daß er ihnen nicht viel zutraut. Schlechte Schüler werden häufiger getadelt als gelobt.

Natürlich können positive hohe Erwartungen aus einem schwachen Schüler nicht einen Klassenbesten machen, aber wenn man sich wie die beobachteten Lehrer verhält, dann macht man es einem schwachen Schüler sehr schwer, sich auch nur etwas zu verbessern. Die subtilen Herabsetzungen und die Mißerfolge, die er erlebt, führen leicht dazu, daß er resigniert und sich nicht mehr anstrengt. Im Grunde arrangiert der Lehrer die Beziehungen so, daß sich seine Eindrücke und Erwartungen selbst bestätigen. Natürlich werden solche Erwartungseffekte nicht nur bei Schülern wirksam. Auch Lehrer können zu Opfern von Schülererwartungen werden. Außerdem gibt es, wie sich in weiteren Untersuchungen herausstellte, auch Lehrer, die sich von ersten Eindrücken und Vorinformationen wenig beeinflussen lassen oder sogar dagegen anzusteuern versuchen.

III. LERNEN

A. Definition des Lernens

Wenn in der Alltagssprache von Lernen die Rede ist, so häufig im Zusammenhang mit Kindern oder Jugendlichen: Das Kleinkind lernt gehen und sprechen; der ABC-Schütze lesen, schreiben und rechnen; der Gymnasiast Naturwissenschaften und Fremdsprachen und der Auszubildende seinen zukünftigen Beruf. Bei genauerem Hinsehen zeigt sich aber, daß Menschen, solange sie leben, in einem erweiterten Sinne lernen: der Wehrdienstpflichtige, wie er mit dem Tagesablauf bei der Bundeswehr zurechtkommt; der Urlauber, wie er die Möglichkeiten seines Ferienaufenthaltes richtig nutzt; der Betriebsneuling, was man an seinem jetzigen Arbeitsplatz von ihm erwartet; die frischgebackenen Eltern, wie man mit einem Säugling umgeht; der Kranke, wie er sich in der Klinik am besten zurechtfindet, oder der Witwer, welche Aufgaben im Haushalt er jetzt zusätzlich bewältigen muß.

Wenn in der Psychologie von Lernen die Rede ist, so versteht man darunter etwas wie Erfahrungen sammeln und diese auf neue Situationen anwenden. Man definiert: Lernen ist eine relativ überdauernde Veränderung des Verhaltenspotentials, die durch Beobachten oder Üben zustandekommt.

Lernen ist damit der Gegenbegriff zu Reifen. Der Mensch entwickelt sich unter den Einflüssen von Anlage und Umwelt. Was die Anlage allein zu seiner Entwicklung beiträgt, nennen wir reine Reifungsprozesse, so den Zahnwechsel. Was die Umwelterfahrungen allein bewirken, nennen wir reine Lernprozesse, so das Rufen der Mutter mit ihrem Vornamen oder das Nachträllern eines Schlagers. Allerdings wirken in fast allen Entwicklungsvorgängen Reifungs- und Lernprozesse sehr eng zusammen, so daß es oft unmöglich ist, die Einflüsse der einzelnen Komponenten genau gegeneinander abzugrenzen. Wenn wir – in der Alltagssprache ungenau – sagen, daß ein Kind laufen lernt, so meinen wir damit ein Zusammenspiel von Anlage und Umwelt, das letzten Endes bewirkt, daß das Kind aufrecht geht. Dies ist nur möglich, wenn einerseits Knochenbau und Muskulatur genügend herangereift sind, andererseits das Kind durch Beobachtungen feststellt, daß man sich als Mensch aufrecht fortbewegt. Das sagenhafte Wolfskind, von Wölfen als Baby adoptiert, konnte nur auf allen vieren gehen. Wichtig ist auch, daß Reifungs- und

Lernprozesse sich gegenseitig beeinflussen: Ein Kind, das durch die Eltern häufig dazu aufgefordert wird, kann in der Regel früher selbständig gehen als ein anderes, dem dieser Umwelteinfluß fehlt.

B. Verschiedene Lernprozesse

1. Intentionales und beiläufiges Lernen

Der alltagssprachliche Lernbegriff orientiert sich stark an schulischem Lernen: Der Lernprozeß wird wissentlich und willentlich in Angriff genommen, und er wird mit einer Überprüfung des Gelernten abgeschlossen. So erfährt der Schüler im Fach Mathematik, daß gemischtquadratische Gleichungen mit Hilfe der sogenannten quadratischen Ergänzung gelöst werden können. Er übt dieses Verfahren an allen möglichen Beispielen und zeigt in der abschließenden Klassenarbeit, welche Leistung er erbringen kann.

Für viele Lernprozesse im Sinne der Psychologie ist aber weder eine Lernabsicht erforderlich, noch wird die Lernleistung überprüft. Nach dem sogenanten *heimlichen Lehrplan* lernen Schüler, wie man sich bei einem bestimmten Lehrer durchmogelt, wenn man die Hausaufgaben einmal nicht gemacht hat. Erkennbar wird das so Erlernte erst dann, wenn der Schüler tatsächlich in die Situation kommt, seine Hausaufgaben nicht vorweisen zu können. Viele Verhaltensweisen eignen wir uns so auf Vorrat an, um sie dann einzusetzen, wenn dies nach unserer Erfahrung oder Beobachtung zweckmäßig erscheint.

2. Lernen mit und ohne Einsicht

Lernen wird von Schülern oft gleichgesetzt mit Auswendiglernen. Man meint damit im weitesten Sinne das Sichaneignen von Gedächtnisinhalten, die dann bei passender Gelegenheit wieder abgerufen werden können. Auf diese Weise haben wir uns alle schon auf Klassenarbeiten oder andere Leistungskontrollen vorbereitet, so haben wir Rechtschreibung, Fremdwörter, Geschichtszahlen oder Flüsse in einem bestimmten Land gelernt, aber auch Namen von Personen, Telefonnummern, Adressen oder Bezeichnungen für Getränke und Speisen in Gasthäusern, um nur ein paar Beispiele zu nennen. So Erlerntes bedarf, um gegenwärtig zu bleiben, der ständigen Wiederholung. Bleibt diese aus, so wird verlernt. Was vom Gesamtwissen des schulisch Erlernten beim Erwachsenen noch abgerufen werden kann, spricht dafür Bände.

Lernprozesse vermitteln aber auch häufig Einsichten in Zusammenhänge. Wer Rechtschreibung lernen will, beschäftigt sich in erster Linie mit Regeln, die er dann auf die verschiedenen tatsächlich vorkommenden Fälle anwenden kann. Auswendiglernen muß er dann nur noch – um perfekt zu sein – die zur Regel gehörenden Ausnahmen. In Mathematik und Physik wird jene Art des Lernens besonders wichtig, weil beide Disziplinen absolut logisch strukturiert sind. Ein Schüler, der die notwendigen Einsichten sich erworben hat, kann diese auf ähnlich gelagerte, neue Probleme anwenden und sie auch lösen. Der Nichtmathematiker weicht auf das Auswendiglernen aus, verliert zwangsläufig dabei die Übersicht und damit meist auch den Spaß an diesem Fach.

3. Lernen von Handlungsabläufen

Leicht wird gerade von Schülern übersehen, daß sehr viele Lernvorgänge beim Menschen sich im Bereich von Handlungsabläufen abspielen: Als Kleinkind lernen wir mit Bauklötzen umzugehen, später mit allem möglichen Handwerkszeug. Wir lernen Fußballspielen und Autofahren, Kochen oder den Umgang mit dem Computer. Viele Menschen erlernen einen handwerklich-manuellen Beruf, in dem es darauf ankommt, bestimmte Fertigkeiten zu beherrschen, zu verbessern und sie geschickt auf alle möglichen, in der Berufsausübung vorkommenden Situationen zu übertragen.

4. Psychologische Lerntheorien

Für die beschriebenen Lernprozesse gibt es in der gegenwärtigen Psychologie keine einheitliche Erklärung. Seit dem Beginn dieses Jahrhunderts haben sich Wissenschaftler verschiedener psychologischer Schulen intensiv mit der Frage des Lernens beschäftigt. Das Ergebnis sind sogenannte Lerntheorien, die jeweils für bestimmte menschliche Lernprozesse gelten. Da Lernen im oben definierten Sinn durchaus auch bei Tieren zu beobachten ist, bestehen grundsätzlich keine Bedenken gegen Lernversuche mit Tieren. Sie gestatten es, die Grundstruktur des Lernens besonders gut herauszuarbeiten. Allerdings ist Vorsicht geboten, wenn die im Tierversuch erzielten Ergebnisse auf menschliches Lernen einfach übertragen werden, da in aller Regel die Zusammenhänge dort wesentlich komplizierter sind. So werden zum Beispiel Tiere meist durch Hunger motiviert, einen Weg zum Futter zu erlernen, während Menschen aufgrund ihrer vielschichtigen Motivationsstruktur in entsprechenden Situationen viel unterschiedlicher reagieren.

C. Klassisches Konditionieren

1. Grundlegendes Experiment

Der russische Physiologe PAWLOW (Nobelpreis 1904) experimentierte mit hungrigen Hunden, deren Magensaftabsonderung er durch eine zweckentsprechende Vorrichtung mengenmäßig genau ermitteln konnte. Er stellte fest, daß die Magensaftproduktion beim Anblick von Futter ein Maximum erreichte (unbedingter Reflex). Nachdem er unmittelbar vor der Futtergabe mehrmals eine Glocke angeschlagen hatte, konnte er beobachten, daß die Hunde bereits beim Glockenton, ohne daß ihnen das Futter überhaupt dargeboten wurde, Magensaft in genau der gleichen Menge produzierten wie vorher beim Anblick des Futters: Der bedingte Reflex war gefunden.

Versuchen wir den Vorgang der klassischen Konditionierung anhand des PAWLOW-Versuchs zu veranschaulichen. Jedem Hund ist ein Verhaltensschema angeboren, nach dem er, unter der Voraussetzung, daß er hungrig ist, auf einen Futterreiz (uS = unconditioned stimulus) mit Magensaftabsonderung (uR = unconditioned reaction) reagiert.

$$uS \longrightarrow uR$$
(Futter) (Magensaftabsonderung)

Abb. 18a: Klassisches Konditionieren (Reflexbogen)

Nun wird in mehreren Durchgängen unmittelbar vor der Futtergabe (uS) eine Glocke (cS = conditioned stimulus) angeschlagen (Lernphase):

$$cS \longrightarrow uS \longrightarrow uR$$
(Glocke) (Futter) (Magensaftabsonderung)

Abb. 18 b: Klassisches Konditionieren (Lernphase)

Schließlich hat der Hund gelernt, auf den Signalreiz so zu reagieren wie auf den ursprünglichen Reiz. Läßt man das Futter weg, so reagiert der Hund auf den Glockenton (cS) mit der vollen Magensaftabsonderung, die jetzt durch das Signal bedingt ist und daher bedingte Reaktion (cR = conditioned reaction) genannt wird:

$$cS \longrightarrow cR$$
(Glocke) (Magensaftabsonderung)

Abb. 18 c: Klassisches Konditionieren (Ergebnis)

2. Beschreibung der Theorie

a) Voraussetzungen und Merkmale

Unter Konditionieren versteht man das Verbinden (Assoziieren) von zwei Sachen, die ursprünglich nichts miteinander zu tun haben. Man spricht bei der klassischen Konditionierung von einer Reizsubstitution: Der neue Reiz, gesteuert von der Umwelt und unabhängig vom Verhalten des Organismus, ersetzt den ursprünglichen, nicht konditionierten. Es ist ohne weiteres ersichtlich, daß durch die klassische Konditionierung keine neuen Verhaltensweisen erlernt werden können. Es wird lediglich gelernt, auf neue Signale die schon bekannten Reaktionen folgen zu lassen.

Für das Erlernen von Signalen ist zunächst wichtig, daß zum Zeitpunkt der ersten Darbietung des neutralen Reizes unmittelbar vor dem ursprünglichen Reiz beim Individuum ein Zustand allgemeiner Erregbarkeit herrscht (Hunger beim PAWLOW-Hund). Außerdem ist die raum-zeitliche Nähe (Kontiguität) zwischen cS und uS als fast gleichzeitiges Auftreten von zwei Ereignissen eine wichtige Bedingung für deren Verknüpfung durch Assoziation beim Lernvorgang. Das Optimum liegt bei 0,5 Sekunden zwischen cS und uS bei skeletalen (die Skelettmuskulatur betreffenden) Vorgängen, 2 – 5 Sekunden bei visceralen (das Darmsystem betreffend).

b) Reizdifferenzierung und Reizgeneralisation

Auch Reizdifferenzierung und Reizgeneralisation spielen beim klassischen Konditionieren eine wesentliche Rolle. Unter Reizdifferenzierung verstehen wir, daß nur ein ganz genau definierter Reiz – eben der konditionierte – die entsprechende Reaktion hervorruft, z. B. ein ganz bestimmter Glockenton beim PAWLOW-Hund. Schon bei geringer Abweichung (z. B. in der Tonlage) wird die Reaktion nicht ausgelöst. Reizgeneralisation bedeutet, daß die Reaktion auf ein mehr oder weniger breites Spektrum von Reizen erfolgt, z. B. auf Glockentöne unterschiedlicher Höhe, auf glockenähnliche Geräusche, schließlich auf Geräusche überhaupt. Welche der Bedingungen für die gewünschte Reaktion schließlich ausschlaggebend ist, hängt weitgehend von der Versuchsanordnung beim Erlernen ab.

c) Konditionierungen höherer Ordnung

Schließlich spricht man von klassischer Konditionierung höherer Ordnung, wenn es sich um sogenannte Konditionierungsketten handelt, durch die, häufig ohne den ursprünglichen Reiz überhaupt mit einzubeziehen, zusätzliche Reize als auslösende Signale erlernt werden. So gelang es schon PAWLOW, Hunden, die den Signalreiz Glocke erlernt hatten, durch Kontiguität von Lichtzeichen und Glocke beizubringen, auf Lichtzeichen mit genauso hoher Magensaftabsonderung zu reagieren wie ursprünglich auf das Futter.

d) Extinktion

Als Extinktion bezeichnet man das Verlernen eines einmal erlernten Signalreizes. Sie tritt dann auf, wenn im Zusammenhang mit dem erlernten Reiz nie mehr der ursprüngliche Reiz dargeboten wird. Die Löschung eines Signalreizes ist im genau umschriebenen Experiment relativ leicht möglich. Es hat sich aber gezeigt, daß das einmalige Wiederauftauchen der früher erlernten Assoziation zwischen den zwei Reizen einen raschen und langandauernden Erholungseffekt für das Erlernte bewirkt. Dies ist deswegen für das menschliche Lernen von großer Bedeutung, weil es beinahe unmöglich ist, im tatsächlichen Leben zufällige, gleiche oder ähnliche Reizkopplungen mit Sicherheit zu vermeiden.

3. Klassisches Konditionieren beim Menschen

Beim Menschen sind klassische Konditionierungsprozesse meist mit körperlichen Reaktionen wie Speichelfluß, Schweißausbruch, Zittern usw. verbunden. Eine besondere Rolle dürfte das Signallernen für den Erwerb von Angstgefühlen gegenüber an sich neutralen Reizen spielen. Ein Beispiel dafür stellt das Experiment mit dem kleinen Albert dar (WATSON und RAYNER, 1920):

Albert ist ein völlig normaler elf Monate alter Säugling, nicht besonders ängstlich oder schreckhaft. Außer seinem üblichen Spielzeug lernt er im Vorversuch einige Tiere (weiße Ratte, Kaninchen) und pelzige Gegenstände kennen. Er spielt mit ihnen und zeigt keine Angst vor den lebenden Tieren.

Der eigentliche Versuch stützt sich darauf, daß alle Kleinkinder auf plötzliche laute Geräusche mit Angst reagieren. Albert wird nun, gerade als er mit der weißen Ratte spielen will, durch einen plötzlichen lauten Gong erschreckt, den er, durch eine dünne Zwischenwand verdeckt, nicht sehen kann. Das Kind zuckt zusammen, versucht sich zu verkriechen. Der Vorgang wird mehrfach wiederholt; die Angstreaktionen Alberts werden deutlicher: Sichabwenden, Sich-zur-Seite-schmeißen, Weinen. Dann wird nur noch die Ratte allein gezeigt. Obwohl das laute, überraschende Geräusch ausbleibt, zeigt Albert alle Anzeichen von großer Angst. Er hat gelernt, das Auftauchen der Ratte als Signal für schreckliches Getöse zu verstehen.

Auch über längere Zeit hinweg reagiert Albert in gleicher Weise ängstlich auf das Vorzeigen der weißen Ratte, obwohl er zwischendurch im gleichen Raum mit Bauklötzen friedlich spielt, oft sogar beim Spielen lacht. Als ihm das Kaninchen gezeigt wird, reagiert er wie bei der weißen Ratte. Auch gegenüber einem Hund als Signalreiz verhält er sich ähnlich, reagiert aber heftiger – z. B. durch Weinen – erst bei dessen Näherkommen. Selbst beim Anblick eines Pelzmantels beginnt er zu weinen und versucht, von ihm wegzukrabbeln.

Abgesehen davon, daß nicht berichtet wird, ob und wie das Kind von der erlernten Angst wieder befreit werden konnte, zeigt das Experiment deutlich, wie zunächst unbegründet erscheinende Ängste beim Menschen entstehen können. Gleichzeitig wird klar, wie schwer es – selbst für einen qualifizierten Therapeuten – unter Umständen sein kann, den ursprünglich angstauslösenden Reiz herauszufinden und Reizgeneralisierungen und/oder auch Reizdiskriminierungen zu erkennen. Nach geglückter Extinktion kann durch zufällige Kontiguität von neutralem und ursprünglichem Reiz eine Spontanerholung eintreten, die das bisher Erreichte auf einen Schlag zunichtemacht.

D. Instrumentelles Konditionieren

1. Grundlegende Experimente

a) THORNDIKEs Katzen

Der amerikanische Behaviorist THORNDIKE (1874 – 1949) brachte hungrige Katzen in einen sogenannten Problemkäfig, vor dem sichtbar etwas zu fressen aufgestellt war. Die Katzen versuchten zunächst, durch artgemäßes Verhalten (z. B. sich durch die Gitterstäbe zwängen) an das Futter heranzukommen. Schließlich kamen sie beim ziellosen Umherspringen zufällig mit einem Fuß in die Schlinge, durch deren Ziehen die Falltür sich öffnete. Bei Wiederholungen erreichten die Katzen durch fortgesetztes Versuch-Irrtum-Verhalten immer häufiger und schneller die richtige Lösung, bis sie schließlich gelernt hatten, die Tür auf Anhieb zu öffnen. THORNDIKE leitete aus seinen Versuchen zum Lernen am Erfolg zwei Lerngesetze ab, das Gesetz der Auswirkung, auch Effektgesetz genannt (befriedigende Folgen einer Reaktion wirken verstärkend), und das Gesetz der Übung (eine Reaktion wird mit einer Situation um so fester assoziiert, je häufiger, je intensiver und je länger dauernd die Verbindung stattgefunden hat).

b) SKINNERs Tauben

Durch SKINNER (1904 – 1990), ebenfalls Vertreter des amerikanischen Behaviorismus, wurde das Verfahren des instrumentellen Konditionierens noch insofern verfeinert, als er nicht abwarten wollte, bis zufällig eine richtige Reaktion erfolgte. Bei seinen Versuchen mit hungrigen Tauben, denen er z. B. den Rechtstanz, eine dauernde Drehung rechtsherum, beibrachte, belohnte er nicht erst die vollzogene Rechtswendung mit einem Futterkorn, sondern jede kleinste Verhaltensweise, die auf das gewünschte Endverhalten hindeutete, wie z. B. das Vorsetzen des linken oder das Zurücknehmen des rechten Fußes, die Wendung des Kopfes nach rechts, das Hängenlassen des rechten Flügels usw. Es wird berichtet, daß SKINNER in einer normalen dreiviertelstündigen Vorlesung Tauben auf diese Art ein von den Studenten gewünschtes Verhalten beigebracht habe.

2. Beschreibung der Theorie

a) Der Vorgang

Versuchen wir uns den Vorgang beim instrumentellen Konditionieren zu veranschaulichen: Eine zunächst zufällige und neutrale Reaktion (Ziehen der Schlaufe oder Drehen des Kopfes nach rechts) hat eine angenehme Konsequenz. Katze oder Taube bekommen etwas zu fressen.

Abb. 19: Instrumentelles Konditionieren

Die Belohnung wird nun ihrerseits zum Reiz, der das entsprechende Verhalten erneut auslöst. Dadurch kommt ein Prozeß in Gang, der erst endet, wenn das Ergebnis des Verhaltens nicht mehr als Belohnung empfunden wird.

b) Verstärkung

Im Gegensatz zur klassischen Konditionierung können durch instrumentelles Konditionieren neue Verhaltensweisen oder Reaktionen erlernt werden. Für das Erlernen ist dabei die Konsequenz der Reaktion von größter Bedeutung. Führen die Konsequenzen des Verhaltens dazu, daß es immer häufiger dargeboten wird, so nennt man dies Verstärkung. Alle angenehmen Folgen eines Verhaltens werden als *positive Verstärker* bezeichnet, z. B. Lob, Erfolg, Erreichen eines Ziels, Zuwendung, Gewinn. Dabei unterscheidet man *Eigenverstärkung* (Verstärkung, die vom lernenden Individuum selbst ausgeht) und *Fremdverstärkung* (Verstärkung, die von anderen Personen ausgeht). Wird durch eine bestimmte Reaktion eine unangenehme Situation beendet, so spricht man von einem *negativen Verstärker*. So verschwinden z. B. beim Einnehmen schmerzstillender Mittel die Schmerzen, was dazu führt, daß bei erneuten Schmerzen wieder zum Arzneimittel gegriffen wird. Im Gegensatz zur Verstärkung führen Betrafung und Ignorieren dazu, daß ein Verhalten in der Folgezeit immer seltener auftritt. Als *Bestrafung* empfinden wir alle unangenehmen Konsequenzen, wie Mißerfolg, Liebesentzug, Kritik und alles, was angenehme Situationen beendet. *Ignorieren* bedeutet, daß ein Verhalten nicht die angenehmen Konsequenzen nach sich zieht, die man erwartet hat.

c) Verstärkungspläne

Instrumentelles Konditionieren ist nur möglich, wenn die gewünschte Reaktion gezeigt wird. Ausgangspunkt für das Lernen nach dieser Theorie ist also, daß das Individuum sich wie erwartet verhält. Dies kann durch Versuch und Irrtum oder, einfacher, durch Aufteilen des erwarteten Gesamtverhaltens in einzelne Teilschritte, die leichter und schneller erreicht werden, geschehen. Ist das gewünschte Endverhalten vorhanden, so muß es nach einem Verstärkungsplan stabilisiert werden. In der Regel wird zunächst nach bestimmten Zeitintervallen oder Reaktionsquoten verstärkt, später werden die beiden Grundmuster der Verstärkung gemischt und die Verstärkungsintervalle variiert. Damit kann in Tierversuchen, etwa bei Ratten im Tretrad, die für Arbeit mit Futter belohnt werden, erreicht werden, daß ein bestimmtes Verhalten bis zur völligen physischen Erschöpfung beibehalten wird, obwohl die Verstärkung zu guter Letzt ganz ausbleibt.

d) Grenzen der Manipulierbarkeit

Auf den Menschen übertragen, würde dies bedeuten, daß er vollständig manipulierbar wäre, sobald man das für ihn richtige Verstärkungskonzept gefunden hat. Diese Gefahr ist aus zwei Gründen nicht gegeben. Zum einen konnte die vollständige Manipulation bisher auch in Tierversuchen nur für sogenannte primäre Verstärker nachgewiesen werden, also wenn es um Hunger, Durst oder Schlaf ging. Überall auf der Welt, wo diese Lebensgrundlagen gesichert sind, hat deshalb ein solches Vorgehen beim Menschen keine Chance. Zum anderen bilden alle Menschen im Laufe ihres Lebens so individuelle und damit differenzierte Vorlieben aus, daß es meist auf Anhieb weder gelingt, den gewünschten wirksamen Verstärker zu finden, noch daß dieser auf Dauer wirksam bleibt. Mit sich verändernder Situation des Betroffenen ändert sich auch die Einschätzung der Konsequenzen, die als angenehm empfunden werden. So kann das Lob eines Lehrers, als positiver Verstärker gedacht, vom Schüler als Bestrafung empfunden werden, weil er befürchten muß, daß sich dadurch die Beziehungen zu seinen Mitschülern verschlechtern, oder ein Arbeitnehmer, der inzwischen mehr Geld verdient, als er verbrauchen kann, spricht zum Erstaunen seines Chefs auf eine angebotene Gehaltserhöhung, verbunden mit Mehrarbeit und Freizeitverlust, nicht mehr an.

3. Beispiele: Umerziehung von Kindern

Der kleine William, so berichten ETZEL und GEWIRTZ, fällt im Säuglingsheim dadurch auf, daß er besonders viel weint. Um ihn davon abzubringen, wird von den Psychologen folgendes Verstärkungskonzept entworfen: Eine Säuglingsschwester, die immer am Fußende des Bettchens steht, zeigt einen neutralen

Gesichtsausdruck, wenn William weint. Sobald er aufhört zu weinen oder gar den Mund zu einem Lächeln verzieht, wird er von der Säuglingsschwester angelacht, positiv sozial verstärkt. Nach kurzer Zeit gehört William zu den freundlichsten Kindern auf der Säuglingsstation. Das Weinen hat er nahezu verlernt.

Im Funkkolleg „Pädagogische Psychologie" wird als Beleg für die Wirksamkeit positiver materieller Verstärker folgender Fall angeführt: Ein Mädchen, frisch eingeschult in die erste Klasse, kann auf keine Art und Weise dazu gebracht werden, vor den Mitschülern zu sprechen. Im Gespräch mit den Eltern wird festgestellt, daß das Kind ganz wild auf Speiseeis ist. Lehrer und Eltern vereinbaren nun, daß das Kind nur dann noch Eis bekommt, wenn es in der Schule spricht. Der Lehrer gibt ihm für das Sprechen Chips, die gegen Eis eingetauscht werden. Zunächst gab es solche Chips, wenn das Mädchen den Mund überhaupt aufmachte, später nur, wenn es ganze Sätze sagte. Nach wenigen Wochen unterschied sich das Kind in seinem Sprechverhalten durch nichts mehr von seinen Mitschülern. Ohne negative Folgen konnte die Regelung mit den Chips aufgegeben werden. Das Mädchen bekam, wie zuvor, hin und wieder ein Eis von seinen Eltern spendiert.

4. Programmiertes Lernen

SKINNER, von dem oben die Rede war und der sehr viel mit Tieren experimentierte, gelang es, angeregt durch schulische Mißerfolge seiner Tochter, die Theorie der instrumentellen Konditionierung direkt auf schulisches Lernen zu übertragen. Er fand den programmierten Unterricht. Dabei sah er im Lernerfolg den notwendigen positiven Eigenverstärker. Nun mußte nur noch das Lernziel in so viele kleine Lernschritte aufgeteilt werden, daß möglichst viele Lernende den einzelnen Lernschritt erfolgreich absolvieren konnten. Seine Forderung an ein gutes Lernprogramm war, daß 90 % der Lernenden 90 % der Lernschritte ohne Fehler bewältigen können müssen. Seine Programme sahen so aus, daß in drei bis fünf Sätzen wichtige Informationen dargestellt wurden. Zu diesen Informationen gab es dann eine Verständnisfrage, die vom Lernenden beantwortet werden mußte. Er konnte die Antwort sofort selbst mit der vorgegebenen richtigen vergleichen. Da in der Regel bei der kleinschrittigen Vorgehensweise kein Fehler gemacht wird, stellt sich beim Lernenden ein Erfolgsgefühl ein, das im Sinne des instrumentellen Konditionierens bewirkt, daß sofort der nächste Lernschritt, wahrscheinlich ebenfalls erfolgreich, angegangen wird.

Lernprogramme, meist in Buchform, sind seither insbesondere aus der Erwachsenenbildung nicht mehr wegzudenken. Die Arbeit im Sprachlabor stellt eine besondere Art des programmierten Lernens dar.

E. Konditionierung und Löschung von Furcht/Angst

1. Zweifaktorentheorie

Zwischen bestimmten Reizen, die Verletzungen hervorrufen, und Schmerz-Furcht-Reaktionen besteht eine angeborene Verbindung. Geht dem Auftreten einer derartigen Verbindung häufiger ein neutraler Stimulus nach dem Prinzip des klassischen Konditionierens voraus, so vermag dieser die Schmerz-Furcht-Reaktion nach einiger Zeit allein auszulösen. Die so ausgelöste Reaktion ist mit der Schmerz-Furcht-Reaktion der ursprünglichen Verbindung jedoch nicht völlig identisch, denn es fehlt die Schmerzkomponente. Werden im Anschluß an die Furcht-Reaktionen bestimmte motorische Ausweichreaktionen ausgeübt und findet dadurch eine Herabsetzung der Intensität der Furchtreaktion statt, so werden diese motorischen Reaktionen negativ verstärkt und in entsprechenden zukünftigen Situationen mit erhöhter Wahrscheinlichkeit auftreten. Dies ist kurz zusammengefaßt der Inhalt der *Zweifaktorentheorie* des Angsterwerbs und der Angstvermeidung nach MOWRER (1953).

Verdeutlichen wir uns den Vorgang an einem Beispiel. Ein Kind spielt mit einem Hund und versucht dabei, diesem einen Knochen zu entziehen. Der Hund reagiert auf die Aktivitäten des Kindes zuerst mit drohendem Knurren und, falls das Kind von seinem Versuch nicht abläßt, mit einem Biß in die Hand des Kindes. Beim künftigen Spielen mit dem Hund wird das Kind bereits auf Stimuli reagieren, die dem Beißen typischerweise vorangehen, z. B. auf das Knurren des Hundes. Wenn jetzt das Kind den Hund in Ruhe läßt, so hört vielleicht das Knurren auf. Das Ausweichen hat also das Knurren beendet und damit die Furcht reduziert.

2. Systematische Desensibilisierung

Werden auf die beschriebene Art neurotische Angstreaktionsgewohnheiten erworben, so können diese durch eine spezielle Verhaltenstherapie, die sogenannte systematische Desensibilisierung, wieder abgebaut werden. Dabei wird nach WOLPE (1969) ein physiologischer angsthemmender Zustand im Patienten aufgebaut. Anschließend wird der Patient mit einem schwachen angsterzeugenden Reiz konfrontiert. Der Vorgang wird so lange wiederholt, bis dieser Reiz keinerlei Angst mehr auslöst. Dann wird zum nächststärkeren Reiz übergegangen und genauso verfahren, bis die Angstreaktionsgewohnheit vollständig gelöscht ist.

Als angsthemmender Zustand hat sich eine tiefe Muskelentspannung bewährt, deren autonome Wirkungen (z. B. Pulsfrequenz, Blutdruck, Hautwiderstand, Atmung) diametral entgegengesetzt liegen zu denjenigen, die für Angst charakteristisch sind. Zunächst muß also mit dem Patienten ein intensives Entspannungstraining durchgeführt werden. Gleichzeitig versuchen Therapeut und Patient gemeinsam, eine individuelle Angsthierarchie zu erstellen. Hat der Patient genügende Fähigkeiten erworben, sich selbst durch Entspannung zu beruhigen, und kennt der Therapeut die der Phobie angemessene Hierarchie, so kann mit der Desensibilisierung begonnen werden, indem der Patient gebeten wird, sich bestimmte Szenen vorzustellen. Sobald er sich beunruhigt oder gestört fühlt, gibt er ein Zeichen, was ein Verweilen oder auch ein Zurückgehen in der Angsthierarchie zur Folge hat.

WOLPE beschreibt die Desensibilisierung eines Patienten, der unter großer Prüfungsangst litt. Für ihn ergab sich von der Vorstellung der Situation einen Monat vor der Prüfung als schwächstem bis zu der vom Weg zur Universität am Prüfungstag als stärkstem angstauslösenden Reiz folgende Angsthierarchie:

(1) Auf dem Weg zur Universität an einem Prüfungstag
(2) Während der Beantwortung eines Prüfungsfragebogens
(3) Vor den noch nicht geöffneten Türen des Prüfungsraumes
(4) In Erwartung der Austeilung der Prüfungsbogen
(5) Prüfungsbogen liegt mit dem Text nach unten vor mir
(6) Die Nacht vor einer Prüfung
(7) Am Tage vor einer Prüfung
(8) Zwei Tage vor einer Prüfung
(9) Drei Tage vor einer Prüfung
(10) Vier Tage vor einer Prüfung
(11) Fünf Tage vor einer Prüfung
(12) Eine Woche vor einer Prüfung
(13) Zwei Wochen vor einer Prüfung
(14) Ein Monat vor einer Prüfung

Interessant ist, daß in dem genannten Fall die Untersuchung zusätzliche phobische Bereiche ans Licht brachte, z. B. Angst vor Beobachtetwerden, Angst vor Abwertung, Angst vor Uneinigkeit zwischen anderen Leuten. Insgesamt waren sieben Desensibilisierungssitzungen notwendig, um eine weitgehende Angstfreiheit für die Ernstsituation zu erreichen.

F. Das Beobachtungslernen

1. Das Filmexperiment von BANDURA

Mit der Ausbreitung des Fernsehens geriet in den fünfziger Jahren plötzlich die Frage in den Mittelpunkt des öffentlichen Interesses, inwieweit die Vorbilder an Roheit und Brutalität in Western oder in Krimis das Verhalten von Kindern und Jugendlichen beeinflussen. Der amerikanische Psychologe BANDURA untersuchte dieses Phänomen bei Kindern, denen er einen Film „Rocky" vorführte. In diesem Film wurde ein Junge namens Rocky gezeigt, der in seinem Spielzimmer sehr aggressiv mit Gegenständen umging, insbesondere mit einer Puppe, die er schwer mißhandelte. Die zu untersuchenden Kinder wurden in drei Gruppen eingeteilt. Jede dieser Gruppen bekam einen Film mit einem anderen Ende zu sehen: In der ersten Gruppe wurde der Junge am Schluß für sein Verhalten getadelt, im Film der zweiten Gruppe gelobt, der Film der dritten Gruppe hörte nach den Zerstörungstaten des Jungen einfach auf. Anschließend wurden die Kinder einzeln in ein genau gleich ausgestattetes Spielzimmer gebracht und unbemerkt beobachtet. Dabei zeigte sich, daß das aggressive Verhalten von Rocky grundsätzlich von Jungen stärker nachgeahmt wurde als von Mädchen, daß das Filmende, in dem der Junge gelobt wurde, zu mehr Aggressivitäten führte als bei den beiden anderen Ausführungen und daß zusätzliche Ermutigungen zum aggressiven Verhalten, welche die Kinder in der tatsächlichen Spielsituation durch Erwachsene erfuhren, sich besonders verstärkend auf ihr aggressives Verhalten auswirkten.

2. Beschreibung der Theorie

Nachahmungslernen geht immer so vor sich, daß zunächst ein Modell beobachtet und sein Verhalten im Gedächtnis gespeichert wird. Erst wenn es sich herausstellt, daß das Modell erfolgreich war, wird sein Verhalten nachgeahmt. Man spricht deswegen auch anstelle von Beobachtungslernen von einem Vorgang des stellvertretenden instrumentellen Konditionierens.

a) Beobachtungslernen im Alltag

Die Fähigkeit nachzuahmen entspricht einem angeborenen Bedürfnis des Menschen. Das frühe Lernen von Säuglingen und Kleinkindern beruht häufig auf genauer Beobachtung ihrer Umwelt. Aber auch Kinder, Jugendliche und Erwachsene lernen aus dem Verhalten eines Modells. Dies gilt insbesondere dann, wenn es sich um das Erlernen von ganzen Verhaltenssequenzen bei sogenannten zusammengesetzten Lernvorgängen handelt. Skilaufen lernt man, indem der

Skilehrer bestimmte Bewegungsabläufe vormacht und die Skischüler versuchen, ihn dabei zu beobachten, um dann sein Verhalten nachzuahmen. Aber auch in für uns nicht ganz durchschaubaren Situationen versuchen wir, ein Vorbild zu finden und uns durch Nachahmung aus der Affäre zu ziehen. Wird man zum Austernessen eingeladen und weiß nicht, wie man mit den Tierchen umgehen soll, so wird man abwarten, wie die Gastgeber sich verhalten, und versuchen, sich ihnen anzupassen. Schließlich gibt es Situationen, in denen man, wenn man sich nicht richtig verhält, sich selbst oder andere gefährden könnte. Auch in diesen Fällen versuchen wir, durch Beobachtung und Nachahmung eines Vorbildes die Gefahr im Rahmen zu halten oder ganz zu vermeiden.

b) Attraktivität eines Modells

Nicht alle Modelle und alle Verhaltensweisen sind als Vorbild gleich attraktiv. Modelle werden vor allen Dingen dann nachgeahmt, wenn sie bestimmte Voraussetzungen erfüllen: Der Abstand bezüglich der Leistungsfähigkeit im entsprechenden Verhalten darf vom Nachahmenden nicht als zu groß angesehen werden; die tatsächliche oder vermeintliche soziale Kluft zwischen beiden darf nicht bedeutsam sein; auch Sympathie bzw. Antipathie spielen eine entscheidende Rolle. Besonders genau beobachtet und hinterher auch nachgeahmt werden erfolgreiche aggressive Handlungen. Diese Erfahrung wird von vielen Erziehern bestätigt, die sich ihrer Rolle als Vorbild bewußt sind und eines Tages feststellten, daß ausgerechnet eine vielleicht einmalige Entgleisung in Richtung auf Aggressivität sofort ihre Nachahmer fand. Im Problem der offensichtlich großen Attraktivität der Nachahmung von erfolgreichem aggressiven Verhalten liegt ein wichtiger Ansatzpunkt der gegenwärtigen Friedensforschung. Wie könnte es gelingen, die sicher zum Teil angeborene menschliche Aggressivität durch Lernprozesse eher abzubauen, als sie noch, wie es gegenwärtig meist geschieht, zu steigern?

c) Vor- und Nachteile des Beobachtungslernens

Das Beobachtungslernen ist vor allem deswegen ein so wesentlicher Bestandteil menschlichen Lernens, weil es schnell und sicher zum erwünschten Ziel führt. Nicht erfolgreiche Vorbilder werden erst gar nicht nachgeahmt. Trotzdem kann es aber sein, daß die Nachahmung des erfolgreichen Modells nicht klappt und zum persönlichen Mißerfolg wird. Der Lernende weiß dann nicht, was er falsch gemacht hat, und findet möglicherweise keinen Ansatzpunkt für eine Veränderung seines Verhaltens. Bei gelungener Nachahmung besteht für den Lernenden kein Grund, sein Verhalten zu überprüfen oder kritisch zu betrachten. Warum sollte er auch noch lange über etwas nachdenken, was ja offensichtlich so gut geklappt hat! In beiden Fällen wird das Beobachtungslernen zum Hindernis für intensiveres Lernen, bei dem die abgelaufenen Prozesse genau reflektiert werden sollten.

3. Beispiele zum Beobachtungslernen

a) Undurchschaubare Situation

Stau auf der Autobahn, nichts geht mehr. Auf dem Seitenstreifen fahren einzelne Fahrzeuge im Schritt-Tempo. Ein paar hundert Meter weiter ist vorne offensichtlich eine Lücke im Leitplankensystem. Man kann beobachten, wie durch sie Personenwagen über eine Wiese und einen Feldweg die befestigte Straße erreichen, die dort die Autobahn überquert. Obwohl die mitgeführte Straßenkarte die wichtigen Details nicht erkennen läßt, wird das offensichtlich erfolgreiche Verhalten, dem Stau zu entgehen, von vielen PKW-Fahrern nachgeahmt, während die Lastkraftwagen zwar aufrücken, aber auf der Autobahn im Stau bleiben. Das beobachtete Ausweichen bei anderen PKW-Fahrern wirkt als stellvertretende Verstärkung. Das Modell wird deswegen nachgeahmt, allerdings nicht von den LKW-Fahrern, die wegen der breiteren Spur oder des größeren Gewichts ihrer Fahrzeuge die Erfolgschancen gering einschätzen.

b) Mangel an Reflexion in der Ausbildung

Ein Auszubildender arbeitet während seines ersten Lehrjahres in einer Lehrwerkstatt. Er beobachtet genau, was um ihn herum vorgeht. Sein Meister merkt sehr schnell, daß er dem jungen Mann, wenn er eine neue Arbeit übernehmen soll, keine langen Erklärungen und Anweisungen zu geben braucht, und wendet sich verstärkt den Mitlehrlingen zu, die keine so schnelle Auffassungsgabe haben. Nach einiger Zeit stellt er fest, daß der Auszubildende zwar alle im Berufsbild verlangten Arbeitstechniken sehr gut beherrscht, aber nicht in der Lage ist zu begründen, warum er in einem Fall so, im anderen auf andere Art vorgeht. Der Auszubildende hat durch Nachahmung viel und gut gelernt, über die abgelaufenen Prozesse aber offensichtlich nicht nachgedacht. Der Meister hätte ihn zur Reflexion über sein Tun anhalten müssen, um ihm die Möglichkeit des in diesem Fall wichtigen Lernens durch Einsicht zu eröffnen.

c) Nachahmung von Aggressivität

Ein junger Lehrer, der in seiner Ausbildung von der Bedeutung des Nachahmungslernens bei der Entstehung von Aggressivität gehört hat, versucht in seinem Unterricht, jede Art von Aggressionen gegen die Schüler zu vermeiden. Er macht nach kurzer Zeit die Erfahrung, daß ausgerechnet er zum Ziel wütender Gegenaggressionen der Schüler wird. Als er daraufhin im Lehrerzimmer das Gespräch mit Kollegen sucht, die in derselben Klasse unterrichten, erfährt er, daß diese keinerlei Schwierigkeiten haben. Sie empfehlen ihm, in Zukunft den Schülern klare Schranken zu setzen, ihnen den Stoff nur so um die Ohren zu knallen, sie mit Hilfe des Notenbüchleins zu disziplinieren und notfalls auch vor spektakulären Strafaktionen nicht zurückzuschrecken. Damit wird aber auch er wieder zum Modell für erfolgreiche Aggressivität. Der Teufelskreis hat sich geschlossen, eine Chance zum Abbau aggressiven Verhaltens ist vertan.

G. Kognitive Lerntheorien

1. KÖHLERs Affenversuche als grundlegendes Experiment

Der deutsche Gestaltpsychologe KÖHLER (1887 – 1967) experimentierte mit Menschenaffen. Ein Schimpanse bekam in seinen Käfig einen Stock, mit dem er herumspielte und alles mögliche ausprobierte. Nachdem er so mit dem Stock vertraut gemacht war, wurde eine Banane vor den Käfig gelegt, die der hungrige Affe mit der Hand nicht erreichen konnte. Er versuchte zunächst, sich weit genug durch die Gitterstäbe zu zwängen oder diese auseinanderzubiegen. Als diese Bemühungen nichts fruchteten, zog er sich in eine Ecke seines Käfigs zurück, bis zufällig sowohl Stock als auch Banane in sein Blickfeld kamen. Der Schimpanse sprang auf, setzte den Stock hinter die Banane, schob sie heran, griff zu und verzehrte sie. Bei der Weiterführung des Experiments erkannte der Affe, daß er, um an die Banane heranzukommen, zwei Stöcke ineinander schieben mußte. In ähnlicher Weise gelang es KÖHLER zu zeigen, daß Schimpansen, die vorher gelernt haben, mit Kisten umzugehen, in der Lage sind zu erkennen, daß sie über aufgetürmte Kisten an Bananen herankommen können, die in sonst für sie unerreichbarer Höhe im Käfig aufgehängt wurden.

2. Beschreibung der Theorie

a) Voraussetzungen und Merkmale einsichtigen Lernens

Vorbedingung für jedes Lernen durch Einsicht ist, daß die Lernsituation objektiv logisch strukturiert und subjektiv überschaubar ist. Das Signal „Glockenton" beim PAWLOWschen Versuch ist sachlogisch nicht zwingend; es kann und könnte durch jedes andere Signal ersetzt werden. Im THORNDIKEschen Problemkäfig hätte es zwar eine objektiv eindeutige Lösung gegeben, aber die Katze war subjektiv nicht in der Lage, die Zusammenhänge zu erkennen. Bei den eben beschriebenen Affenversuchen sind beide Bedingungen erfüllt: die Situation Stock-Banane war logisch strukturiert und für den Schimpansen überschaubar.

Nach dem Ansatz der Gestaltpsychologie haben einmal erlernte Verhaltensweisen eine bestimmte Struktur und bewirken damit eine Art Handlungskonzept. Der Stock hat für den Schimpansen zunächst „Spielcharakter", was als Handlungskonzept bedeutet, daß man ihn gegen die Gitterstäbe schlagen, mit ihm im Boden herumstochern kann usw. Ändert sich nun die Situation, so muß das Verhalten umstrukturiert werden. Die Umstrukturierung hängt von der Einsicht in die neuen

Zusammenhänge ab. Den Augenblick der Einsicht nennt man auch den *fruchtbaren Moment* oder das *Aha-Erlebnis*. Damit erhält die Lösung des Problems eine Vorgestalt, die jetzt noch der speziellen Durchführung oder Erarbeitung bedarf. Beim Affenversuch liegt das Aha-Erlebnis in der Erkenntnis, daß der Stock nicht nur Spielcharakter, sondern auch „Verlängerungscharakter für den Arm" hat (Umstrukturierung).

b) Assimilation und Akkommodation kognitiver Strukturen

Derselbe Vorgang wird von dem Schweizer Biologen und Psychologen PIAGET (1896 – 1984) so erklärt, daß er von bestimmten Strukturen, sowohl in den Gegenständen und Situationen als auch in den Vorstellungen des Lernenden, ausgeht. Zwischen den Strukturen besteht ein Zustand des beweglichen Gleichgewichts, den er *Äquilibration* nennt. Dieses bewegliche Gleichgewicht ist dauernd in Gefahr, gestört zu werden. Da aber jeder Mensch das Bestreben hat, mit seiner Umwelt in Einklang zu stehen, ist er bemüht, durch fortwährende *Adaptation* das gefährdete Gleichgewicht wieder herzustellen. Dafür hat er zwei Möglichkeiten: Entweder er wendet ein bekanntes Schema auf eine neue Situation an, dann spricht man von Assimilation, oder die neue Situation macht die Entwicklung eines neuen Schemas erforderlich, was PIAGET mit Akkommodation bezeichnet. Beim Affenversuch ist das Zwängen durch die Gitterstäbe eine Assimilation, das Gebrauchen des Stocks als Verlängerung des Arms eine Akkommodation. PIAGET weist auch nach, daß Adaptationsprozesse entwicklungs- und umweltabhängig sind.

Der Vorgang der Äquilibration und der Adaptation sei noch an einem bekannten Beispiel verdeutlicht. Aus der Sicht eines Kleinkindes besteht der erwachsene Mensch hauptsächlich aus dem dem Kind zugewandten Gesicht und den Beinen, die sich für das Kind in Augenhöhe befinden. Die Struktur „Mensch" umfaßt für das Kind in seinen Vorstellungen also nur Kopf und Beine, objektiv zusätzlich aber Rumpf und Arme. Das Gleichgewicht der Situation ist durch den großen Unterschied zwischen den beiden Strukturen gefährdet. Will nun das Kind einen Menschen darstellen und zeichnet es dann einen sogenannten „Kopffüßler" (vgl. Abbildung 20), so sprechen wir von Assimilation: Das Kind hat die Zeichnung der eigenen kognitiven Struktur angepaßt.

Abb. 20: Kopffüßler in Kinderzeichnungen

Zu einem späteren Zeitpunkt wird das Kind entdecken, daß Menschen üblicherweise mit Rumpf und Armen dargestellt werden und daß diese Darstellung der Wirklichkeit eher entspricht. Es wird dann seine eigene Vorstellung vom Aussehen eines Menschen revidieren und seine geistige Struktur der Realität anpassen, also akkommodieren.

c) Die Bedeutung von Anschaulichkeit

Lernen durch Einsicht ist an möglichst große Anschaulichkeit gebunden. Anschaulichkeit wird erreicht durch genaue Beschreibung, durch Beispiele, durch den Einsatz von Tabellen, Statistiken, graphischen Darstellungen, Systemzeichnungen, Modellen, durch audiovisuelle Medien und durch den Gegenstand selbst. Dabei läßt sich Anschaulichkeit im subjektiven Sinn nur dann erreichen, wenn es gelingt, für den Lernenden sogenannte Festpunkte zu schaffen, mit Hilfe derer er das neu zu Erlernende in seiner vorhandenen geistigen Struktur verankert. Darüber hinaus müssen Verbindungen zwischen Bekanntem und Unbekanntem aufgezeigt und auf die Notwendigkeit des Umstrukturierens eigener Vorstellungen hingearbeitet werden. Entzieht sich auch der eigentliche fruchtbare Moment der Beeinflussung von außen, so hängt doch die Wahrscheinlichkeit, daß es zu einem echten Verstehen der Zusammenhänge und damit zur Einsicht kommt, entscheidend von den genannten Bedingungen ab. PIAGET weist in diesem Zusammenhang dem Umgehen mit den Dingen eine entscheidende Rolle zu. Er meint damit nicht unbedingt, daß man z. B. eine Versuchsanordnung selbst gefunden und aufgebaut haben müsse, um Einsicht in die Ereignisse zu bekommen. Umgehen kann man nach seiner Ansicht auch durch aktives Vorstellen und Mitdenken – dies vor allem sollte demnach in einem guten Unterricht erreicht werden.

d) Vorzüge einsichtigen Lernens

Besondere Bedeutung erhält das Lernen durch Einsicht dadurch, daß, im Gegensatz zum assoziativen Lernen, einmal Verstandenes nicht dauernd wiederholt werden muß, um im Gedächtnis zu bleiben. Die eingesehene Lösung kann jederzeit repliziert werden. Geübt werden muß trotzdem, und zwar die Übertragung des Gelernten auf neue, ähnliche Situationen. Nur das Lernen durch Einsicht läßt einen solchen *Transfer* zu. Es allein gibt die Legitimation für das sogenannte exemplarische Lernen, das in unseren Schulen so häufig geübt wird: An einer beispielhaften Aufgabe wird ein Lösungsschema erarbeitet, das dann auf viele andere, in der Struktur ähnliche, aber nicht ausführlich besprochene Aufgaben übertragen werden kann. Aber erst mit der Behandlung von einigen Beispielen und Gegenbeispielen und der damit verbundenen Einübung einer Neuzentrierung der geistigen Struktur des Lernenden ist der Prozeß endgültig abgeschlossen.

3. Beispiele für einsichtiges Lernen

a) Die Logik der Zahlensysteme

Wir alle haben im Rechnen das Dezimalsystem kennengelernt, leider meist eher assoziativ als kognitiv. Einsicht entwickeln wir, wenn wir uns folgendes klarmachen:

Im Dezimalsystem gibt es 10 Ziffern von 0 bis 9, und in jeder Zahl hat jede Ziffer zusätzlich einen Stellenwert, der durch Multiplikation mit der entsprechenden Zehnerpotenz entsteht. Somit gilt:

$6\,483 = 6\,000 + 400 + 80 + 3 = 6 \times 10^3 + 4 \times 10^2 + 8 \times 10^1 + 3 \times 10^0$

Daraus läßt sich die allgemeine Einsicht ableiten, daß ein beliebiges Zahlensystem aus einer bestimmten Anzahl von Ziffern besteht, denen, je nach Basis, ein festgelegter Stellenwert zukommt. Diese Einsicht auf ein Dreiersystem übertragen bedeutet, daß dieses drei Ziffern 0, 1, 2 hat und daß der Stellenwert in Dreierpotenzen (3^0, 3^1, 3^2 . . . .) festgelegt ist. Somit gilt:

$122\,101 = 1 \times 3^5 + 2 \times 3^4 + 2 \times 3^3 + 1 \times 3^2 + 0 \times 3^1 + 1 \times 3^0$

Umgerechnet ins Dezimalsystem erhält man:

$1 \times 243 + 2 \times 81 + 2 \times 27 + 1 \times 9 + 0 \times 3 + 1 \times 1 = 469$

Die so vermittelte Einsicht in den Aufbau von Zahlensystemen gestattet den weiteren Transfer z. B. auf das Dualsystem, das die Grundlage für die ganze heutige Computertechnik abgibt.

b) Die Grammatikregel als logische Struktur

Auch Grammatikregeln, sei es im Deutschen oder in einer Fremdsprache, können als Beispiel für einsichtiges Lernen herangezogen werden. Hat man die entsprechende Regel einmal verstanden, so muß bei einem auftauchenden Problem geprüft werden, ob die Struktur des Satzes den in der Regel genannten Voraussetzungen entspricht. Ist dies der Fall, läßt sich das bereits Gelernte auf die neue Situation übertragen; ist es nicht der Fall, so muß entweder nach der entsprechenden richtigen Regel gesucht werden, oder aber man muß sich, nun assoziativ, daran erinnern, daß es zu dieser Regel Ausnahmefälle gibt und daß ein solcher Fall jetzt vorliegt.

c) Einsicht und Transfer: der Viertaktmotor

Hat man anhand eines Modells eingesehen, wie ein Viertakt-Otto-Motor funktioniert, so kann diese Einsicht auf jeden Otto-Motor übertragen werden. Um den Transfer wirklich sicherzustellen, müssen aber auch Zweitakt-Motoren und Dieselmotoren als Beispiele herangezogen werden. Erst wenn es dem Lernenden gelingt, aufgrund der wichtigen Merkmale (z. B. Ventile oder Zündkerzen) jeweils mit Sicherheit zu sagen, ob es sich um einen Viertakt-Otto-Motor handelt oder nicht, ist der Lernprozeß abgeschlossen.

H. Behalten und Vergessen

1. Gedächtnisforschung

a) Die Experimente von EBBINGHAUS

Zu Beginn dieses Jahrhunderts wollte der deutsche Psychologe EBBINGHAUS (1850–1909) durch das Erlernen sogenannter sinnloser Silben der Gedächtnisleistung experimentell auf die Spur kommen. Da offensichtlich sinnhaftes Material besser behalten wird, da darüber hinaus Menschen in aller Regel versuchen, sinnlosem Material durch entsprechende Veränderung einen zumindest subjektiven Sinn zu geben durch sogenannte Eselsbrücken, sollten diese Einflüsse durch die Versuchsanordnung vollständig ausgeblendet werden. In vielen Selbstversuchen lernte er Reihen sinnloser Silben auswendig, bis er sie vollständig beherrschte. Danach überprüfte er, ohne zu wiederholen, welche Merkleistung sich in gewissen Abständen, etwa nach ein, zwei Tagen, ergaben. Das Ergebnis war die sogenannte Vergessenskurve (vgl. Abb. 21).

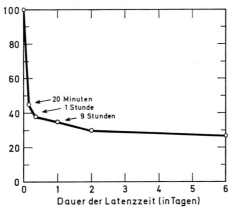

Abb. 21: Vergessenskurve (EBBINGHAUS)

Sie besagt, daß in der ersten Zeit, die direkt auf das Lernen folgt, sehr viel vergessen wird. Je mehr Zeit seit dem Erlernen vergangen ist, um so weniger wird vergessen. Auch zeigte sich in seinen Versuchen, daß die Behaltensleistung bei Reproduktion wesentlich geringer war als bei Wiedererkennen. Wiedererkennen wird dadurch überprüft, daß aus Listen mit mehr als doppelt so vielen sinnlosen

Silben die früher erlernten herausgefunden werden müssen. Der signifikante Unterschied in der Behaltensleistung ist ein gutes Beispiel dafür, daß es sehr darauf ankommt, wie ein bestimmter Sachverhalt bei einem Experiment operationalisiert wird, und daß deswegen bei der Beurteilung von Ergebnissen die Methoden ihrer Ermittlung immer bekannt sein müssen.

b) Lernfaktoren, die das Behalten beeinflussen

Die Behaltensleistung kann durch sogenanntes *Überlernen* wesentlich gesteigert werden. Darunter versteht man ein Weiterlernen trotz vollständiger Beherrschung des Stoffes. Man spricht beispielsweise von 50 %igem Überlernen, wenn nachträglich zusätzlich die Hälfte der Zeit oder die Hälfte der Durchgänge bis zum eigentlichen Erlernen aufgewandt wurde (vgl. Abb. 22). Neuere Untersuchungen haben ergeben, daß eine vergleichbare Behaltensleistung mit wesentlich geringerem Zeitaufwand durch Wiederholungen in zunächst kürzeren, später längeren Zeitabständen erreicht werden kann.

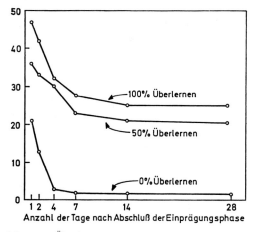

Abb. 22: Behaltensleistung – Überlernen

Interessant ist, daß der Lernverlauf keineswegs einen direkten Zusammenhang zwischen Lernzeit und Behaltensleistung aufweist. Bekannt geworden ist vor allem das sogenannte Lernplateau, auf dem trotz weiterer Bemühungen keine Steigerung mehr erfolgt. Eine Veränderung der Lernsituation durch eine Pause kann hier eventuell Abhilfe schaffen.

Darüber hinaus sind für Behalten und Vergessen sogenannte *Lernhemmungen* entscheidend: Ähnlichkeitshemmungen, Hemmungen durch zeitliche Nähe und affektive Hemmungen. Sie kommen durch Interferenzen von Vorgängen im Gedächtnis zustande. Unterscheidet sich der Lernstoff nur in Nuancen, so ist es überaus schwierig, die jeweils richtige Zuordnung zu treffen und Inhalte nicht zu verwechseln (Ähnlichkeitshemmung). Wer einmal in der Latein-Wortkunde versucht hat, alle mit esse zusammengesetzten Verben hintereinander zu lernen, der weiß, wovon hier die Rede ist. Außerdem kann sowohl früher Gelerntes Neuzuerlernendes hemmen (proaktive Hemmung) als auch Neuerlerntes das Behalten von Frühergelerntem (retroaktive Hemmung). Hat z. B. ein deutscher Schüler sich endlich gemerkt, daß man Literatur vorne nur mit einem t schreibt, so kann das Gelernte direkt auf das Wort literature im Englischen übertragen werden. Lernt er anschließend Französisch, so kann es sein, daß eine proaktive Hemmung ihn daran hindert, littérature mit zwei t zu schreiben; es wäre aber auch denkbar, daß durch eine retroaktive Hemmung die zwei t plötzlich im Englischen oder gar im Deutschen auftauchen. Als Beispiel für eine affektive Hemmung sei der Schock genannt, der dazu führen kann, daß ein Schüler, zur mündlichen Benotung vor der Klasse aufgerufen, nicht in der Lage ist, überhaupt einen Ton herauszubekommen, geschweige denn, sich an zu Hause Gelerntes zu erinnern oder gar einen klaren Gedanken zu fassen.

Auch kommt es für das Behalten darauf an, was man im Anschluß an das Erlernen tut. Besonders günstig wirkt sich auf die Behaltensleistung aus, wenn im Anschluß an das Lernen geschlafen wird, wenn also vor dem Einschlafen der Lernprozeß abgeschlossen ist. Der Vergessensverlauf wird auch nachhaltig beeinflußt, je nachdem, ob sich an das Lernen eine Periode erhöhter Aktivität oder eine eher inaktive Zeit anschließt. Ein Schüler, der in der ersten Stunde viel gelernt hat, wird davon am nächsten Tag um so mehr noch wissen, je weniger er sich am Unterricht der darauffolgenden Stunden beteiligt (vgl. Abb. 23).

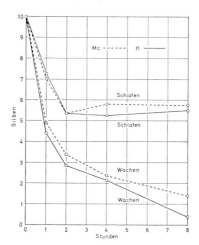

Abb. 23: Vergessensverlauf bei aktiver/inaktiver Periode

Schließlich haben wir alle schon die Erfahrung gemacht, daß es beim Behalten von einzelnen Fakten aus einer Lernreihe sogenannte *Positionseffekte* gibt: Die Wörter am Anfang oder am Schluß einer Lernreihe beherrschen wir besser als die in der Mitte. Erklärt wird dies damit, daß sich im mittleren Bereich mehr Überschneidungen und Überlagerungen nach beiden Seiten ergeben als am Anfang und am Ende (vgl. Abb. 24). Weiß man über dieses Phänomen Bescheid, so kann man schon beim Erlernen den mittleren Bereich verstärkt beachten und damit die Behaltensleistung verbessern.

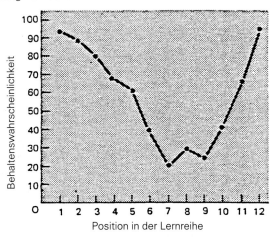

Abb. 24: Behaltenswahrscheinlichkeit: Positionseffekte

2. Gedächtnismodell

a) Das Ultra-Kurzzeitgedächtnis

Die derzeitige Gedächtnisforschung unterscheidet das Ultra-Kurzzeitgedächtnis, das Kurzzeit- und das Langzeitgedächtnis (vgl. Abb. 25). Das Ultra-Kurzzeitgedächtnis ermöglicht uns, einen Sachverhalt überhaupt erst zu erfassen. Es wird auch sensorisches Gedächtnis genannt, weil es alle Informationen in der Modalität speichert, in der sie wahrgenommen werden. Es umspannt einen Zeitraum von ein paar Sekunden. Alle Informationen, die wir in dieser Zeit erhalten, sind uns gegenwärtig und können miteinander verknüpft und verarbeitet werden. Erhalten wir zu viele Informationen oder wird die Gegenwartsdauer überschritten, so sind wir nicht in der Lage, uns hinterher an irgend etwas zu erinnern. Dies kann z. B. passieren, wenn man versucht, in einem Vortrag mitzuschreiben, und plötzlich feststellt, daß man weder den angefangenen Satz zu Ende führen noch im Moment verstehen kann, was der Vortragende gerade ausführt.

Behalten und Vergessen

b) Das Kurzzeitgedächtnis

Die Aufnahmekapazität des Kurzzeitgedächtnisses ist auf Bruchteile des Ultra-Kurzzeitgedächtnisses beschränkt. Das Kurzzeitgedächtnis wirkt für Minuten oder Stunden: Wir können so lange einen Namen oder eine Zahl ohne weiteres behalten; Abfragungen in der Schule und mündliche Prüfungen können durchaus über das Kurzzeitgedächtnis bestritten werden. Schon am nächsten Tag hat man aber von dem für die Prüfungssituation Gelernten das meiste vergessen.

c) Das Langzeitgedächtnis

Das Langzeitgedächtnis nimmt wiederum nur rund den zehnten Teil der Informationen des Kurzzeitgedächtnisses auf. Streiten sich die Wissenschaftler noch heute darum, ob Gedächtnisinhalte des Langzeitgedächtnisses überhaupt verlorengehen können oder ob sie nur nicht mehr auffindbar sind, so spielt die Frage für den Lernenden keine Rolle. Er muß vor allen Dingen wissen, daß Inhalte des Langzeitgedächtnisses sich im Laufe der Zeit verändern, weil immer wieder neue Informationen mit den schon gespeicherten verknüpft werden, und daß Gedächtnisinhalte um so leichter aktiviert werden, je mehr man Zugriffe zu ihnen hat. Die wichtigste Aufgabe jedes Lernenden ist es, sich seine eigene, ihm verständliche und damit jederzeit zugängliche Ordnung im Gedächtnis zu schaffen. Die Speicherkapazität des Langzeitgedächtnisses ist praktisch unbegrenzt; wir können nie „den Kopf so voll haben, daß nichts mehr hineingeht". Durch die genannten dauernden Veränderungen und Umstrukturierungen können zu jeder Zeit zusätzliche Informationen gespeichert werden.

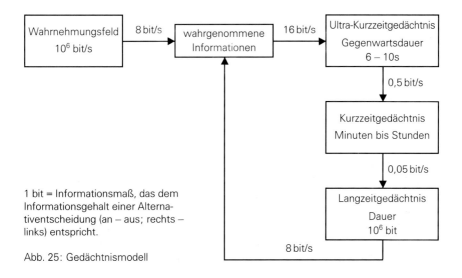

1 bit = Informationsmaß, das dem Informationsgehalt einer Alternativentscheidung (an – aus; rechts – links) entspricht.

Abb. 25: Gedächtnismodell

I. Lerntechniken

Lernerfolg und Behaltensleistung sind zusätzlich von einer Reihe von Faktoren abhängig, die von Fragen der Lernumgebung, der Lernzeit, der Konzentration und der Pausen über die Beeinflussung der Lernmotivation und bestimmte Lerninhalte bis zum Problem des richtigen Einsatzes von Gruppenarbeit reichen. Wegen ihrer Bedeutung für Schüler sollen sie hier noch kurz vorgestellt werden.

1. Lernumgebung

Wichtig ist schon der Arbeitsraum. Die Abmessungen von Arbeitstisch und Stuhl müssen stimmen, der Stuhl sollte verstellbar sein. Zu achten ist auch auf genügend Ablagemöglichkeit auf der Arbeitsplatte und im Greifraum.

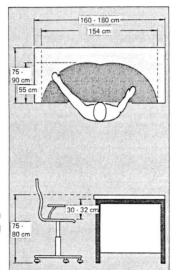

(Empfohlene Maße für einen Lernarbeitsplatz in Anlehnung an DIN 4549, 4551 und 4552)

Abb. 26: Der Lernarbeitsplatz

Das Tageslicht sollte von vorne oder von der linken Seite einfallen, die künstliche Beleuchtung hell genug sein.

Der Arbeitsraum sollte so ausgestattet sein, daß die Farbstimmung in Ordnung ist, störende Gegenstände herausgenommen werden, daß Platz ist für individuelle Gestaltungs- und Ausstattungswünsche, in denen man auch besonders bevorzugte Details unterbringen kann. Die Arbeitsplatte sollte das helle Licht nicht zu stark reflektieren. An den Wänden sind Lernhilfen denkbar: Organisationshilfen wie eine Pinnwand oder lernrelevante andere Gegenstände.

Lerntechniken 77

2. Lernzeit

Daß die Leistungsbereitschaft des Menschen bestimmten Schwankungen unterliegt, ist hinreichend bekannt (vgl. Abb. 27). Die abgebildete Kurve stellt Durchschnittswerte dar. Individuelle Abweichungen müssen von einzelnen Lernenden selbst herausgefunden werden. Ausgesprochene Frühaufsteher werden z. B. sicher nicht zur gleichen Zeit den Höhepunkt ihrer Leistungsfähigkeit erreichen wie Nachtmenschen.

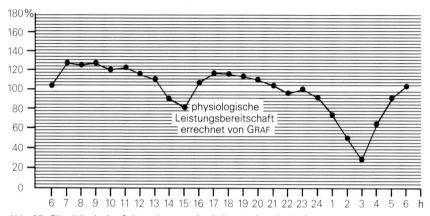

Abb. 27: Physiologische Schwankungen der Leistungsbereitschaft

Bei der Einteilung der eigenen Lernzeit sollte man aber darüber hinaus auch darauf achten, daß in der Umwelt bestimmte Lärmquellen und andere Störungen regelmäßig auftauchen. Eigene Freizeitgewohnheiten, wie feste Termine, oder auch solche der Mitbewohner, sollten von vornherein mit eingeplant werden. Schließlich sollte man beim Festlegen der Lernzeit auch die Art mit einbeziehen, in der Mitbewohner auf eigene Zeitvorstellungen Rücksicht zu nehmen bereit sind oder nicht.

3. Förderung der Konzentration

Fehlt es an der notwendigen Konzentration, so kann sie erhöht werden, indem man versucht, nicht alles gleichzeitig, sondern eins nach dem anderen zu erledigen. Man sollte Arbeits- und Erholungsphasen deutlich voneinander trennen und versuchen, Ablenkungen und Störfaktoren fernzuhalten. Dazu verhelfen feste Arbeitszeiten an einem festen Arbeitsplatz, auch daß man sich erreichbare Ziele setzt und in regelmäßigen Abständen die Lerngebiete wechselt. Hat man als Lernender den Eindruck, daß man unter Konzentrationsschwäche leidet, ist es zweckmäßig, einmal eine Analyse des eigenen Arbeitsverhaltens durchzuführen, um dadurch aufzudecken, wie lange man beispielsweise braucht, um von dem Entschluß zu arbeiten zum tatsächlichen Arbeitsbeginn zu kommen, und wie lange man dann tatsächlich konzentriert arbeitet, welche Störgedanken einen befallen und wie man mit solchen Störungen umgeht. Erst mit einer solchen Analyse ist es möglich, Punkte festzumachen, von denen aus Abhilfe geschaffen werden kann.

4. Lernpausen

Lernpausen sollten vor Lernbeginn sorgfältig geplant werden. Damit kann man den Erwartungsanstieg, der mit der nächsten Pause verbunden ist, nutzen. Man kann die Pausenwirkungen kombinieren und die Pausen selbst als Strukturierungshilfen einsetzen. Üblicherweise unterscheidet man vier Pausentypen:

— Die kurze Unterbrechung, die maximal eine Minute dauert und bei der man den Arbeitsplatz nicht verläßt; sie dient vor allem der Strukturierungshilfe.

— In der Minipause steht man zwar vom Arbeitsplatz auf, sie dauert aber trotzdem maximal fünf Minuten und sollte — je nach Stoff — ungefähr alle halbe Stunde eingeschoben werden.

— Die Kaffeepause dauert eine Viertelstunde und wird nach ungefähr zwei Stunden konzentrierter Arbeit eingeschoben; dabei sollte man das Arbeitszimmer verlassen.

— Schließlich dauert die Erholungspause eine bis zwei Stunden; sie sollte nach rund drei bis vier Stunden Lernens eingeschoben werden. Während dieser Pause ist eine anders geartete Tätigkeit von besonderem Vorteil.

Damit ergibt sich pro Tag eine Netto-Arbeitszeit von rund sechs Stunden, der eine Brutto-Arbeitszeit von achteinhalb bis neun Stunden entspricht. Ob die Pausenplanung richtig oder falsch war, läßt sich erkennen an physischen Signalen, an der Zunahme der subjektiven Anstrengung, ein Ziel doch noch zu erreichen, an Motivationseinbrüchen, am Leistungsabfall oder an der Häufung von Fehlern.

5. Erhöhung der Lernmotivation

Die Lernmotivation läßt sich vom Lernenden selbst beeinflussen, indem er zum Beispiel nach möglichst vielen Motiven für ein bestimmtes Lernziel sucht und sich die eigene Motivation bewußt macht. Gleichzeitig sollte er Versuchungssituationen, die ihn vom Lernen abhalten könnten, erkennen und meiden. Es ist durchaus legitim, auch materielle Lernanreize heranzuziehen oder durch die Festlegung realistischer Lernziele, aus denen dann kurzfristige Zwischenziele abgeleitet werden, sich zu motivieren. Ob sie erreicht sind, kann man durch häufige, unmittelbare

Erfolgskontrollen prüfen und sich – bei Erfolg – selbst Belohnungen aussetzen. Bildet man eine Lerngruppe oder sucht sich leistungsähnliche Partner für das Lernen, so treten soziale Motivationen in den Vordergrund, um gemeinsame Ziele zu erreichen. Im Gegensatz zu diesen extrinsischen Lernmotivationen gibt es auch intrinsische, die darin bestehen, daß man neugierig ist und Fragen stellt, daß man versucht, Handlungseinheiten abzuschließen oder nach Manipulationsmöglichkeiten mit dem Lernmaterial sucht. Dadurch können die zu lernenden Gebiete plötzlich attraktiv werden.

6. Das Lernen von Texten

Für Schüler ist auch das Arbeiten mit längeren Texten von besonderer Bedeutung. Dafür wird die sogenannte Fünf-Schritte-Methode empfohlen:

1. Schritt: Überblick gewinnen
Man schaut nach dem Namen des Verfassers, liest den Klappentext und das Inhaltsverzeichnis, unter Umständen auch das Vorwort und die Einleitung und versucht, den ganzen Text einmal zu überfliegen.

2. Schritt: Fragen stellen
Man überlegt, mit welchen Fragen man an den Text herangehen will. Was weiß ich schon über das Thema? Wodurch unterscheidet sich das Gelesene von meinem bisherigen Wissen? Wie lautet die für meine Fragestellung zentrale Aussage? Wie argumentiert der Verfasser? Welches ist seine Absicht?

3. Schritt: Gründliches Lesen
Wichtige Stellen werden mit dem Textmarker herausgehoben. In verschiedenen Farben kommen Anmerkungen an den Rand, ebenso Querverweise auf Stellen, die mit dem eben Gelesenen zu tun haben.

4. Schritt: Aufbereiten
Von dem gelesenen Text wird ein Exzerpt erstellt oder der Text kurz zusammengefaßt; dann kann man versuchen, ihn neu zu ordnen und in eigenen Worten darzustellen.

5. Schritt: Überprüfen
Jetzt wird versucht, die im Schritt zwei gestellten Fragen sich selbst zu beantworten, entsprechende Kontrollfragen schriftlich zu bearbeiten und die gelesenen Inhalte zu diskutieren.

Diese Methode eignet sich vor allem für das Erarbeiten längerer und schwierigerer Darstellungen. Besonders wichtig ist der vierte Schritt, in dem die Gedanken anderer in eigene Denkprozesse umgesetzt werden. Er läßt sich durch das heute übliche Kopieren nicht ersetzen. Das Exzerpieren – auch auf Karteikarten, z. B. geordnet nach Stichwörtern – ist das Herzstück der individuellen Verarbeitung und Aneignung von anspruchsvollen Texten.

IV. Motivation

A. Zur Geschichte der Motivationspsychologie

Die Motivationspsychologie befaßt sich mit den Beweggründen menschlichen Verhaltens. Warum essen Menschen? Warum essen manche mehr, als ihnen guttut? Warum suchen sie den Kontakt zu anderen Menschen? Warum ist die Arbeit wichtig für sie? Das sind Fragen, mit denen sich die Motivationspsychologie auseinandersetzt. Dabei richtet sich ihr Augenmerk vor allem auf das Innere des Menschen. Anders als die Lerntheorie begründet sie ein Verhalten nicht allein mit der Existenz von Verstärkern, sondern fragt weiter, warum ein Objekt oder Zustand eine verstärkende Funktion für den Menschen hat. Welche Beweggründe im Menschen bedingen, daß er ein Objekt begehrt oder einen Zustand anstrebt?

Bei der Suche nach diesen Beweggründen griff man in der ersten Hälfte unseres Jahrhunderts auf Instinkte und Triebe zurück. DARWINs Evolutionstheorie hatte ja auf die Verwandtschaft von Mensch und Tier verwiesen. Man ging deshalb davon aus, daß der Mensch durch ähnliche Mechanismen wie die Tiere angetrieben wird und daß diese Mechanismen für seine Anpassung und sein Überleben einen funktionalen Wert haben.

1. Instinkte als Erklärungsmöglichkeit

Der englische Psychologe McDougall (1871 – 1938) nahm an, daß menschliches Verhalten durch Instinkte angetrieben und gesteuert und dadurch zu zweckvollem Verhalten wird, also zweck- und zielgebunden ist. Seine Instinktliste umfaßt: Nahrungssuche, Ekel, Sexualität, Furcht, Neugier, elterliche Fürsorge, Geselligkeit, Selbstbehauptung, Unterwürfigkeit, Zorn, Hilfesuchen, Schaffensdrang, Besitzenwollen, Lachen, Behaglichkeit, Wandern, sowie einfache Körperfunktionen wie Husten, Atmen usw. Ähnlich heterogene Listen mit menschlichen Instinkten wurden auch von amerikanischen Psychologen verfaßt. Eine Literaturübersicht aus den 20er Jahren ergab, daß die Psychologie jener Zeit bereits mehrere tausend Instinkte annahm, darunter auch „den Instinkt, an Instinkte zu glauben". Die inflationäre Vermehrung der Instinkte beruhte darauf, daß man sich bei ihrer

Bestimmung nicht auf ein mittleres Allgemeinheitsniveau einigen konnte und schließlich für jedes Verhalten einen eigenen Instinkt annahm. Die Überzeugungskraft solcher Listen wurde auch dadurch gemindert, daß man offensichtlich aus den Augen verloren hatte, daß ein Instinkt etwas sein sollte, was allen Menschen gemeinsam ist und was zu ihrer genetischen Ausstattung gehört.

Auch McDougalls Instinktsammlung läßt da Zweifel aufkommen: Wandern etwa alle Menschen gerne? Und wenn jemand gerne wandert, ist sein Interesse daran wirklich angeboren? Könnte es nicht genau so gut einen Trägheitsinstinkt geben, den der Wanderer – aus welchen Gründen auch immer – überwunden hat? Wegen solcher Unklarheiten ist der Instinktbegriff aus der Motivationspsychologie allmählich verschwunden. Wenn er heute noch verwendet wird, dann in einem ganz anderen Sinn als bei McDougall, nämlich nicht mehr als Antriebskraft für ein Verhalten, sondern als angeborenes, fest umrissenes Verhaltensmuster.

2. Triebe als Erklärungsmöglichkeit

Ähnlich unbefriedigend verlief auch der Versuch, die Beweggründe menschlichen Verhaltens durch Triebe zu erklären. Ein Trieb ist ein physiologisch verankertes Bedürfnis, dessen Befriedigung wichtig ist für das Überleben des einzelnen oder seiner Art. Hunger, Durst, Sexualität sind typische Triebe. Aber nur mit solchen physiologisch verankerten Bedürfnissen läßt sich die Vielfalt menschlichen Handelns kaum erklären. Es gibt zielgerichtete Verhaltensweisen, die bei allen Menschen auftreten und daher offensichtlich zur menschlichen Natur gehören, die jedoch nicht auf ein physiologisches Bedürfnis zurückzuführen sind und sich auch nicht über spezifische Organe ausdrücken. Das Kontaktverhalten, das Neugierverhalten, das Spielverhalten und das Aggressionsverhalten gehören dazu. Man kann nun hergehen und diese nicht-physiologischen Bedürfnisse zurückführen auf physiologische, etwa indem man das Neugierverhalten als eine gesellschaftsfähige Ausdrucksform des Sexualtriebes interpretiert oder indem man das Aggressionsverhalten auf einen erlernten sekundären Trieb zurückführt, der im Zusammenhang mit der Befriedigung eines primären, physiologischen Triebs erworben wurde. Aber solche Rückführungen sind oftmals spekulativ.

Zudem ist, wenn man Triebderivate und sekundäre Triebe auch als Triebe verstehen will, eine Ausweitung des Triebbegriffs über das Physiologische und Lebensnotwendige hinaus erforderlich. Eine solche Ausweitung konnte sich in der Psychologie aber nicht durchsetzen, so daß der Versuch, zielgerichtetes Verhalten durch Triebe allein zu erklären, aufgegeben wurde.

3. Anziehungs- und Abstoßungskräfte als Erklärungsmöglichkeit

Ein ganz anderer Ansatz zur Erklärung zielgerichteten Verhaltens stammt von dem aus Deutschland in die USA emigrierten Psychologen LEWIN (1890 – 1947). LEWIN betrachtet den Menschen immer im Zusammenhang mit der Umgebung, in der er lebt. Die Umgebung oder der *Lebensraum*, wie LEWIN sagt, wirkt wie ein Kräftefeld auf den Menschen. Von seinen einzelnen Bestandteilen – z. B. von den Auslagen in den Schaufenstern oder von den Klassenarbeiten, die anstehen – geht eine mehr oder weniger starke Anziehung oder Abstoßung auf den Menschen aus. Diese Anziehungs- und Abstoßungskräfte, die gleichsam von allen Seiten auf den Menschen einwirken, steuern sein Verhalten; sie bewirken, daß er sich einem Objekt begehrlich nähert, ein anderes ängstlich meidet. Ob Anziehung oder Abstoßung erlebt werden und welche Intensität diese haben, hängt von verschiedenen Faktoren ab: von dem bedürfnisbefriedigenden Wert, den Objekte oder Zielzustände für den Menschen haben, von ihrer Nähe und der Leichtigkeit, mit der man sie erreichen kann, und von den Konkurrenzangeboten, die der Lebensraum noch enthält.

Neu an dieser Betrachtungsweise ist, daß die inneren Antriebskräfte im Menschen – ob man sie nun Instinkte, Triebe oder anders nennt – gar nicht mehr als Auslöser von zielgerichtetem Verhalten verstanden werden. Stattdessen stehen die Anreize, welche aus der Umwelt auf das Individuum einwirken, im Mittelpunkt. Nach LEWIN dürfte man also nicht sagen: „Der Naschdrang führt Paulchen zur Süßwarenecke", sondern: „Die Süßwarenecke übt eine magische Anziehungskraft auf Paulchen aus." Solch eine Betrachtungsweise bietet Goethe auch in seinem „Faust" an. Mephisto belehrt Faust: „Der ganze Strudel strebt nach oben; Du glaubst zu schieben, und du wirst geschoben." Diese Betrachtungsweise wirft natürlich die schwierige Frage nach den Freiheitsgraden und der Verantwortlichkeit menschlichen Verhaltens auf. Aber einmal abgesehen von dieser ethischen Problematik, bleibt die Theorie aus psychologischer Sicht unbefriedigend. Sie verschafft nämlich keine Klarheit über die korrespondierenden inneren Bedürfnisse, die gegeben sein müssen, damit Anziehung oder Abstoßung überhaupt erlebt werden können.

In den folgenden beiden Kapiteln soll nun dargestellt werden, wie man heute versucht, zielstrebiges Verhalten zu erklären, welcher Terminologie man sich dabei bedient und wo die Forschungsinteressen liegen. Dabei wird deutlich, daß man sich immer noch schwer tut bei der genauen Bestimmung und Abgrenzung der inneren Antriebskräfte, die menschliches Verhalten steuern. Wie schon LEWIN, konzentriert man sich heute lieber auf die äußeren Anreizbedingungen und das beobachtbare Annäherungs- und Vermeidungsverhalten, weil man dann mit gesicherten und nachweisbaren Fakten arbeiten kann. Man schließt aber daraus hypothetisch auf korrespondierende innere Variablen, welche die Anreizbedingungen für das Verhalten wirksam werden lassen. Damit geht man einen Schritt weiter als LEWIN und erst recht weiter als die Verhaltenspsychologen, für die das Innere des Menschen nur eine *black box* war, über die sie nichts aussagen wollten, weil ihnen diese Aussagen zu spekulativ erschienen.

B. Motive

1. Definition und Arten

Statt von Instinkten und Trieben spricht man heute von Motiven und bezeichnet damit pauschal alle inneren Beweggründe (movere – bewegen, in Bewegung setzen) menschlichen Verhaltens, gleichgültig, ob sie angeboren, physiologisch fundiert und lebensnotwendig sind oder nicht. Ein *Motiv* wird definiert als eine überdauernde oder wiederkehrende Antriebskraft, von der man annimmt, daß sie das Verhalten eines Menschen in Gang setzt und in seiner Intensität und Zielrichtung bestimmt. Der Begriff Motiv ist somit zum Sammelbegriff geworden für Instinkte, Triebe, Bedürfnisse, Wünsche, Absichten usw., also für alles, was menschliches Handeln ankurbelt und in eine bestimmte Richtung, auf ein bestimmtes Ziel lenkt. Sogar Emotionen werden den Motiven zugeordnet, sofern sie Antrieb sind für zielgerichtetes Verhalten. Das gilt z. B. für Furcht, die Vermeidungshandlungen in Gang setzt. Oft werden Emotionen aber auch als Begleiterscheinungen von Motiven angesehen; sie beschreiben, wie ein Motiv erlebt wird.

Einige Motive haben physiologische Ursachen oder eindeutige physiologische Begleiterscheinungen, aber für die meisten Motive trifft dies nicht zu. Man nimmt an, daß sie im Innern des Menschen als Antriebskraft wirken und nicht nur Ausdruck physiologischer Befindlichkeiten sind, sondern auch Ausdruck von Erfahrungen, Erkenntnissen und Bewertungen. Sie sind zu einem großen Teil nicht angeboren, sondern erworben oder erlernt.

Weil Motive nicht als Materie faßbar und unterscheidbar sind und weil man ihr komplexes Gefüge auch noch nicht genau bestimmen kann, nennt man sie *hypothetische Konstrukte.* Darunter versteht man innere Variablen oder Wirkfaktoren, deren Existenz man annimmt, weil man sie als Erklärung braucht, um menschliches Verhalten in seiner jeweiligen Eigenart zu verstehen. Auch Intelligenz ist so ein hypothetisches Konstrukt. Da Motive nur hypothetische Konstrukte sind, gibt es auch keine empirisch abgesicherte Liste aller menschlichen Motive und keine verbindliche Art ihrer Einteilung. Man kann einteilen in angeborene (primäre) und erworbene (sekundäre) Motive oder nach Inhalten in biologische, kognitive und soziale Motive, aber jede Einteilung erweist sich bei der Zuordnung einzelner Motive sogleich wieder als fragwürdig. Ist Aggressivität angeboren oder erworben? Ist Sexualität ein biologisches oder soziales Motiv?

2. Eine Hierarchie von Motiven

Ein Versuch, Motive zu bestimmen und in eine Hierarchie zu bringen, stammt von dem Amerikaner MASLOW. Er unterscheidet zunächst Mangelbedürfnisse, deren wiederholte Nichtbefriedigung eine körperliche oder psychische Krankheit hervorruft, von Wachstumsbedürfnissen, deren Befriedigung zur Entfaltung und Vervollkommnung des Menschen beiträgt. Innerhalb dieser Klassen werden weitere Motivgruppen unterschieden. Diese Motivgruppen bauen aufeinander auf, wobei das Kriterium für die Hierarchie ist, welche Dringlichkeit oder Bedeutsamkeit sie für den Menschen haben.

Abb. 28: Bedürfnishierarchie nach MASLOW

Eine Motivgruppe wird erst dann dominant für das Erleben und Verhalten eines Menschen, wenn die vorausgegangene weitgehend befriedigt ist. Man kann sich also nach MASLOWS Auffassung nicht um Selbstverwirklichung und Wertschätzung kümmern, wenn der Alltag durch körperliche Entbehrungen geprägt ist. Notfalls nimmt man auch Unsicherheit in Kauf, um an Essen zu kommen. „Erst kommt das Fressen, dann kommt die Moral", sagt Brecht. Daß ein Mensch freiwillig fastet und trotz massiver Hungergefühle an seiner Selbstverwirklichung arbeitet – vielleicht sogar das Fasten als eine Art der Selbstverwirklichung erlebt –, wäre kein Gegenbeweis für MASLOWS Theorie. MASLOW geht von langfristigen Defiziten aus, denen man sich nicht freiwillig unterwirft, sondern die einem widerfahren.

Das Modell ist populär geworden, weil es zum Nachdenken über die eigene Entwicklung und Position in der Hierarchie anregt. Außerdem enthält es implizit eine optimistische Aussage: Wenn man die Mangelbedürfnisse der Menschen befriedigt, dann werden sie in der Lage sein, all ihre kognitiven, sozialen und emotionalen Kräfte konstruktiv einzusetzen und sich transzendenten Erfahrungen zu öffnen. Dieses Menschenbild liegt auch den therapeutischen Richtungen der humanistischen Psychologie zugrunde. Kritiker allerdings halten MASLOWS Bedürfnispyramide für ein gutgemeintes Luftschloß, das unwissenschaftlich und unrealistisch ist. Unwissenschaftlich insofern, als MASLOW von Beobachtungen, Lebenslaufanalysen und persönlichen Eindrücken ausging und nicht mit quantitativen Daten arbeitete. Unrealistisch, weil Selbstverwirklichung und Transzendenz in der Regel nicht das Höchste sind, was Menschen anstreben. Zu ihrem Wohlbefinden gehören häufig Selbstbetrug, Verdrängung und Illusion. Wenn das bedeutet, daß sie auf einer niederen Stufe der Motiventwicklung stehengeblieben sind, dann müßte man konkretisieren, was zur weitgehenden Befriedigung eines Motivs und zum Fortschreiten auf eine höhere Stufe alles erforderlich ist.

C. Motivation

1. Gegenwärtige Fragestellungen

In der gegenwärtigen Psychologie befaßt man sich nur selten mit Motivlisten und Motivhierarchien, denn man hat erkannt, daß diese immer recht willkürlich sind. Sogar dem Motivbegriff steht man eher skeptisch gegenüber, weil er allzuoft für Scheinerklärungen folgender Art herhalten mußte: Warum erledigt ein Kind zuverlässig seine Schulaufgaben? Weil es über ein starkes Leistungsmotiv verfügt. Woher weiß man das? Weil es so zuverlässig für die Schule arbeitet.

Im Mittelpunkt der Forschung stehen heute die Fragen, wie sich Motive entwickeln und verändern und durch welche verschiedenen Anreize sie angesprochen werden können. Das Interesse richtet sich also nicht vorrangig auf die inneren Antriebskräfte menschlichen Handelns, sondern mehr auf die äußeren Bedingungen, die Motive anregen und ihre Umsetzung in Verhalten fördern oder blockieren. Das bedeutet aber nicht, daß man, wie bei LEWIN und später in der behavioristischen Lernpsychologie, zielstrebiges Verhalten allein mit dem Hinweis auf den Anreiz, den Verstärker, erklärt. Es geht vielmehr um die Wechselwirkung zwischen Motiven und Anreizen, um die Verhaltensumsetzung und um die weitere Entwicklung der Motive. Damit kommt die psychologische Motivationsforschung auch dem Interesse nach Praxisnähe entgegen. Wie Motive geweckt und gefördert werden müssen, damit sie in ein entsprechendes Verhalten münden, ist für die Pädagogik, für die Personalführung und für die Werbung von großem Interesse.

2. Definition von Motivation

Die Wechselwirkung von Motiv und äußerem Anreiz ist in dem Begriff *Motivation* enthalten. Unter Motivation versteht man den aktuellen Zustand eines Motivs, wie er sich aus dem Zusammenspiel von physiologischen, emotionalen und kognitiven Faktoren einerseits und den stimulierenden Umweltbedingungen andererseits ergibt. Motivation führt zu einer Aktivierung des Menschen und zu einer zielgerichteten Orientierung seines Erlebens und Verhaltens. Jemand, der alle Energien aufbietet, um ein Sportabzeichen zu erringen, und sich auch durch Mißerfolge nicht von seinem Ziel abbringen läßt, ist hoch leistungsmotiviert im Bereich Sport. Engagiert er sich wiederholt auch in anderen Bereichen, kann man auf ein ausgeprägtes Leistungsmotiv schließen, das Merkmal seiner Persönlichkeit ist. Aber jemand, der sich für das Sportabzeichen kein Bein ausreißt, muß deshalb kein schwaches Leistungsmotiv haben. Es kann sein, daß das Sportangebot oder die Art der Unterrichtsführung im Fach Sport sein sonst durchaus hohes Leistungsmotiv nicht ansprechen.

3. Bewußte und unbewußte Motivation

Bei der individuellen Diagnose von Motivationen gibt es oft Schwierigkeiten, weil die Ziele, die man anstrebt, auch unbewußt und für die Außenwelt unsichtbar sein können. So würde man einen Studenten, der plan- und ziellos in seinen Büchern herumblättert, als nicht-arbeitsmotiviert bezeichnen. Es kann aber sein, daß er an einer Aufgabe sitzt, bei der er momentan nicht weiterkommt. Indem er herumtrödelt, distanziert er sich vorübergehend von dem Problem und kann gleichzeitig mit größerer Flexibilität unbewußt daran weiterarbeiten. Diese unbewußte Weiterarbeit mündet dann – hoffentlich – in eine plötzliche Eingebung, die ihn der Problemlösung ein ganzes Stück näherbringt. In der Zwischenzeit hat er also durchaus zielstrebig, wenn auch unbewußt und unstetig, an dem Problem weitergebastelt. Oder ein Kind versucht bewußt, seine Eltern zu belügen. Wegen seines schlechten Gewissens stellt es sich bei der Lügerei aber so ungeschickt an, daß die Eltern es sofort durchschauen. Welche Motivation leitete das Kind nun eigentlich, die Motivation zu lügen oder die Motivation zu gestehen?

Auch sich selbst täuscht man leicht über die Beweggründe des eigenen Verhaltens. Motivationen werden geleugnet oder überhaupt nicht wahrgenommen, weil sie den sittlichen Forderungen unserer Gesellschaft oder unseres Gewissens nicht entsprechen und unser Ansehen bzw. unser Selbstbild trüben können. Man findet dann nur sehr vordergründige Erklärungen für das eigene Verhalten oder sucht die Beweggründe ausschließlich bei anderen Menschen oder in Sachzwängen. Manchmal greift man auch zu Rationalisierungen, indem man sich selbst – unbemerkt – bessere und vernünftigere Motivationen unterstellt und jene übergeht, die tatsächlich im Spiel waren. Man sagt dann z. B.: „Ich habe dir zuliebe verzichtet" statt: „Ich habe mich nicht getraut". Die Diagnose unbewußter Motivationen stößt bei vielen Psychologen auf Skepsis, denn wie will man eine unbewußte Motivation nachweisen, die weder der Selbst- noch der Fremdbeobachtung zugänglich ist? Unbewußte Motivation läßt sich oft nur aus bestimmten Vorannahmen mehr oder weniger plausibel ableiten.

4. Intrinsische und extrinsische Motivation

Wenn man Motivationsdiagnostik betreibt, kann man weiterhin unterscheiden zwischen intrinsischer und extrinsischer Motivation. Diese Unterscheidung wird vor allem im Zusammenhang mit der Leistungsmotivation gemacht, gilt jedoch generell für alle Motivarten. Von intrinsischer Motivation spricht man, wenn man eine Sache um ihrer selbst willen macht oder begehrt, und nicht, um etwas anderes damit zu erreichen. Wenn man also Sport treibt, weil man die körperliche Bewegung liebt und weil es einem Freude macht, sich hin und wieder ganz zu verausgaben, dann ist man intrinsisch motiviert. Wenn man Sport aber treibt, weil man eine bestimmte Punktzahl für die Abiturzulassung braucht, dann ist man extrinsisch motiviert. So plausibel diese Unterscheidung im Prinzip ist, so wenig entspricht sie doch den realen Gegebenheiten. Menschen sind selten ganz und gar intrinsisch motiviert, sondern immer nur mehr oder weniger. Neben jeder intrinsischen Motivation sind immer gleichzeitig auch extrinsische Motivationen wirksam. Man kann z. B. Sport aus Spaß an der Sache selbst treiben, aber gleichzeitig auch aus Freude an den Erfolgen und an dem Prestigegewinn, der damit verbunden ist. Und wie will man die Motivation eines deutschen Schülers nennen, der sich in ein englisches Mädchen verliebt hat und nun mit Begeisterung Englisch lernt? Ist er intrinsisch oder extrinsisch motiviert?

In der Erziehung bemüht man sich, extrinsische Motivation in intrinsische umzuwandeln, denn diese ist dauerhafter, verhaltenswirksamer und bedarf nicht des ständigen Anstoßes von außen. Durch Belohnungen, etwa durch gute Noten für Leistungsfortschritte, fördert man zunächst die extrinsische Motivation. Dieser Vorgang entspricht dem des Konditionierens. Man hofft, daß sich durch die Erfolge allmählich ein Spaß an der Sache selbst entwickelt und echtes Interesse ausbildet, das keiner äußeren Verstärkung mehr bedarf. Lernpsychologisch gesehen wäre dies ein klassischer Konditionierungsvorgang. Allerdings – und das wird im Zusammenhang mit der Leistungsmotivation noch ausführlicher dargestellt – funktioniert das nicht immer so wie geplant. Man kann nämlich durch Belohnungen intrinsische Motivation auch geradezu verhindern.

5. Zwischenbilanz und Ausblick

Die vorausgegangenen Informationen über Motive und Motivationen haben vielleicht deutlich gemacht, daß man in hohem Maße tolerant für Unsicherheiten sein muß, wenn man sich mit der Motivationspsychologie befaßt. Es gibt keine Möglichkeit, Motive klar gegeneinander abzugrenzen und zu ordnen oder Motivationszustände zuverlässig zu diagnostizieren. Es gibt darüber hinaus auch keine übergreifende Theorie, mit der die verschiedenartigen Motive oder Motivationen gleichermaßen erklärt werden könnten. Eine solche Theorie müßte ja auch so allgemein formuliert sein, daß sie für menschliches Erleben und Verhalten wenig Erklärungs- und Vorhersagewert hätte. Man macht deshalb in der Psychologie auch kaum noch Aussagen über „die menschlichen Motive" generell oder über „die Motivation", sondern beschäftigt sich mehr mit einzelnen spezifischen Motiven, die gesellschaftlich wichtig sind und die sich als methodisch zugänglich erwiesen haben. Erforscht werden gegenwärtig vor allem das Selbständigkeitsmotiv, das Anschlußmotiv, das Sexualmotiv, das Aggressionsmotiv, das Angstmotiv, das Helfermotiv und das Leistungsmotiv. Dabei ist man bemüht, Scheinerklärungen zu vermeiden, die mit der Rückführung auf ein unterstelltes Motiv enden. Man konzentriert sich stattdessen mehr auf die erfaßbaren äußeren und inneren Bedingungen, die eine Motivation herbeiführen und verhaltenswirksam werden lassen.

In den folgenden Kapiteln sollen nun einzelne spezielle Motive oder Motivationen und dazu vorliegende psychologische Forschungsergebnisse vorgestellt werden. Wir beginnen mit dem Hunger, also einem biologischen Motiv, das im traditionellen Sinn einen Trieb darstellt. Dann folgt ein Abschnitt über das Kontaktbedürfnis, welches ein soziales Motiv und teilweise angeboren, teilweise erworben ist. Daran schließen sich Befunde zur Leistungsmotivation an; damit wird ein kognitives Motiv angesprochen, welches weitgehend erlernt wird. Zum Schluß folgt ein Kapitel über Angst, also über ein Gefühl mit motivierendem Charakter.

D. Hunger

1. Das Prinzip der Homöostase

Hunger ist ein primäres, biologisches Motiv, in traditioneller Formulierung ein Trieb, dessen Befriedigung wichtig für das Überleben des Organismus ist. Andere biologische Motive sind Durst, die Bedürfnisse nach Sauerstoff, Schlaf, Schmerzvermeidung und Einhaltung der Körpertemperatur. Diese biologischen Motive funktionieren alle nach einem einheitlichen Regelprinzip: Sie werden automatisch geweckt, wenn im Organisums ein Sollzustand nicht mehr gegeben ist. Man erlebt dann Unbehagen, Spannung und Schmerz; gleichzeitig wird der Organismus aktiviert und konsumatorisches Verhalten oder Ausweichverhalten in Gang gesetzt. Dadurch wird der unangenehm erlebte Istzustand wieder in den Sollzustand überführt, und es tritt eine befriedigende Spannungsreduktion auf. Dieses Regelprinzip zur Wahrung des inneren Gleichgewichts nennt man Homöostase. Auch Sexualität ist ein primäres, biologisches Motiv, aber in Abweichung von den oben genannten Motiven ist die Befriedigung dieses Motivs nur wichtig für das Überleben einer Art, nicht des einzelnen. Außerdem funktioniert das Sexualmotiv nicht nach dem homöostatischen Prinzip. Man kann nämlich keinen Sollzustand für seine Befindlichkeit definieren, und die Anspannung wird ebenso lustvoll erlebt wie die Entspannung.

Bei der Beschäftigung mit dem Hungermotiv interessiert sich die Psychologie vor allem für die inneren und äußeren Auslöser, die dazu führen, daß man sich hungrig fühlt. Außerdem geht sie der Frage nach, warum die homöostatische Regelung beim Essen so oft nicht funktioniert. Viele Menschen essen ja sichtbar mehr, als es der Sollzustand und ihr biologisches Gleichgewicht verlangen.

2. Die Entstehung des Hungergefühls

a) Kontraktionen im Magenbereich

Hunger entsteht, wenn Nahrung ausbleibt. Man verspürt ihn im Magen, und in schlimmen Fällen bekommt man sogar Bauchschmerzen vor Hunger. Der Zusammenhang zwischen Magenkontraktionen und Hunger konnte schon 1912 von dem Physiologen CANNON nachgewiesen werden. CANNON ließ seinen Assistenten einen Luftballon schlucken, an dem ein dünner Schlauch befestigt war. Über den Schlauch wurde der Ballon im Mageninnern aufgeblasen. Dann wurden alle Druckveränderungen gemessen, die durch die Bewegungen der Magenwände entstanden. Ungefähr eineinhalb Stunden nach der letzten Nahrungsaufnahme und nach den Verdauungskontraktionen setzten neue Magenkontraktionen ein, die zunehmend häufiger und stärker wurden. Parallel dazu verspürte die Vp ein wachsendes Hungergefühl. Magenkontraktionen sind also ein inneres Hinweissignal, das dem Organismus Hunger meldet. Aber sie sind nicht das einzige und nicht das wichtigste Signal, denn auch Menschen mit wegoperiertem Magen erleben Hungergefühle. Man vermutet sogar, daß die deutlichen Kontraktionen bei CANNONS Vp von dem in den Magen eingeführten Ballon herrührten und somit auch ein Produkt der Methode waren, mit der untersucht wurde.

b) Chemische Reaktionen des Körpers

Andere innere Hinweissignale, die Hunger bzw. Sättigung melden, ergeben sich aus chemischen Vorgängen im Körper. Nach der Nahrungsaufnahme steigt der Glukose- oder Blutzuckerspiegel, und die Menge der ungebundenen Fettsäuren im Blut nimmt ab. Entsprechend umgekehrt sind die Vorgänge, wenn man längere Zeit fastet. Überträgt man das Blut eines ausgehungerten Hundes auf einen abgefütterten Hund, dann treten bei diesem bald Magenkontraktionen und die üblichen Hungerverhaltensweisen auf. Zuckerkranke Menschen haben in verstärktem Maße mit Hungergefühlen zu kämpfen, weil sich ihr Glukosespiegel durch die Insulininjektionen senkt. Wenn die Nahrung den Dünndarm erreicht, wird dort das Hormon Cholecystokinin freigesetzt. Die Leber analysiert die chemische

Befindlichkeit im Organismus bezüglich Glukose, Fettsäuren und Cholecystokinin und gibt die Informationen an das Gehirn weiter.

c) Vorgänge im Gehirn

Im Gehirn sind zwei Regionen im Hypothalamus von zentraler Bedeutung für das Erleben von Hunger oder Sättigung: der Lateralbereich, der Schaltstelle für das Hungergefühl ist, und der ventromediale Kern, der Schaltstelle für Sättigung ist. Bei Zerstörung des Lateralbereichs kann man keinen Hunger mehr verspüren, und Tiere, die im Gegensatz zu Menschen nicht wissen, daß sie Nahrung brauchen, müssen nach solchen Läsionen zwangsernährt werden, wenn man sie am Leben erhalten will. Bei Läsionen im ventromedialen Kern tritt kein Sättigungsgefühl mehr auf, und es entsteht unersättlicher Hunger. Allerdings haben diese hypothalamischen Bereiche nicht nur die Aufgabe, Hunger und Sättigung zu melden, sondern sie sind auch für die allgemeine Aktivierung des Organismus wichtig. Nach einer neueren Theorie werden durch Läsionen dieser Bereiche lediglich Nervenbahnen zerstört, die zu den eigentlichen Hunger- und Sättigungszentren im limbischen System führen, die man aber noch nicht genau bestimmen kann. Man weiß lediglich, daß der Transmitter Dopamin in den Bahnen wirksam ist, die zum Essen stimulieren, und Noradrenalin und Serotonin in den Bahnen, die Sättigung hervorrufen.

d) Mund- und Rachenraum

Ein weiteres inneres Hinweissignal über Hunger- oder Sättigungszustand liefert auch der Mund- und Rachenraum. Die Kau- und Schluckbewegungen, die dort stattfinden und die – unabhängig von der Nahrungsaufnahme – allein für sich schon befriedigend sind, vermitteln grob ein Gefühl davon, wann man genug gegessen hat. Deshalb hält man Menschen, die abnehmen wollen, auch an, gründlich und lange zu kauen. Dadurch wird nicht nur die Befriedigung voll ausgekostet, die mit diesen Tätigkeiten verbunden ist, sondern die Nahrung wird auch besser ausgewertet, und die Rückmeldung, daß genug gegessen wurde, erfolgt schon nach geringerem Nahrungsquantum. Die Geschmacksnerven vermitteln auch ein Gefühl dafür, welches Essen dem Körper zuträglich ist und seinen Bedürfnissen entspricht. Aber das gilt nur, wenn nicht schon ganz feste Eßgewohnheiten mit Vorlieben und Abneigungen von außen übernommen wurden. Viele Reststoffe von Giften in unserem Essen schmecken wir leider auch nicht. Immerhin hat sich aber in Experimenten und Einzelbeobachtungen gezeigt, daß man Babies und Kleinkinder innerhalb gewisser Grenzen die Art und Menge der Nahrung, die sie zu sich nehmen, selbst bestimmen lassen kann. Die Kinder nahmen manchmal sehr viel von einem Nahrungsmittel zu sich, glichen das dann aber wieder aus, indem sie zu anderen Nahrungsmitteln mit den Inhaltsstoffen überwechselten, die ihnen bis dahin fehlten. Über den Zeitraum eines halben Jahres gesehen, nahmen die Kinder eine durchaus gesunde und ausgewogene Kost zu sich und waren weder über- noch untergewichtig. Es wird in diesem Zusammenhang von einem rachitischen Kind berichtet, das sich ohne Anleitung innerhalb eines Jahres selbst kurierte, indem es aus dem Nahrungsangebot häufig Lebertran mit viel Vitamin D wählte.

e) Entwicklung von äußeren zu inneren Hinweisreizen

Man kann aufgrund dieser Befunde verallgemeinern: Menschen, die es nicht verlernt haben, auf die körpereigenen, inneren Hinweisreize bei Hunger und Sättigung zu achten, ernähren sich gesund und ausgewogen und essen auch nicht zu viel oder zu wenig. Bei ihnen funktioniert das Hungermotiv noch im Sinne der Homöostase: Es tritt auf, wenn der Körper zur Energiebildung Nahrung braucht, und erlischt, sobald der Sollzustand wiederhergestellt ist. Leider verlieren aber viele Menschen schon im Kindesalter die Sensibilität für die körpereigenen Signale, weil sie durch Umwelteinflüsse und Erziehungsmaßnahmen auf ein bestimmtes Eßverhalten gedrillt werden, das den Erwartungen der Umwelt entspricht. Ihr Hungergefühl orientiert sich mehr an äußeren, erlernten Hinweisreizen als an körpereigenen. Wenn man von klein auf Süßigkeiten als Belohnung erhält, werden diese begehrenswert, unabhängig von ihrem Nähr- und Gesundheitswert. Alkohol und Nikotin werden als Genußmittel attraktiv, weil sie Unabhängigkeit und Erwachsensein signalisieren. An ihren Geschmack muß man sich erst einmal gewöhnen; die meisten Kinder empfinden ihn als abstoßend und unangenehm.

3. Das Problem des Übergewichts

a) Ursachen

Experimente, die vor allem von dem amerikanischen Psycholgen SCHACHTER durchgeführt wurden, ergaben, daß übergewichtige Menschen weniger auf die inneren Hinweisreize achten als normalgewichtige. Stattdessen sind sie bei ihren Hunger- und Sättigungsgefühlen stärker von äußeren Hinweisreizen beeinflußt. Wenn ein Essen hübsch angerichtet ist, gut riecht und schmeckt, dann essen Übergewichtige viel mehr als sonst. Normalgewichtige essen dagegen eher gleichbleibende Mengen, egal, ob das Essen besonders schmackhaft und liebevoll zubereitet wurde oder nicht. Übergewichtige registrieren Hungerkontraktionen des Magens und Völlegefühle weniger deutlich als Normalgewichtige. Sie können ganz gut fasten, wenn ihre Umwelt mitmacht, etwa an religiösen Feiertagen; sehen sie aber essende Menschen und appetitliche Nahrungsmittel, dann kommt es leicht zu einer Ansteckungsreaktion. Dagegen sind Normalgewichtige gegen solche Ansteckungen eher immun, wenn sie fasten. SCHACHTER beobachtete auch, daß Übergewichtige zu den üblichen Essenszeiten fast automatisch Hunger verspüren, unabhängig davon, wieviel Zeit seit der letzten Nahrungsaufnahme tatsächlich vergangen ist. Suggeriert man ihnen mit einer manipulierten Uhr, daß es jetzt 18 Uhr und somit Abendessenszeit ist, dann greifen sie bei den dargebotenen Keksen ordentlich zu, auch wenn es in Wirklichkeit erst 17 Uhr ist. Umgekehrt: Wenn man 17 Uhr suggeriert und es ist tatsächlich 18 Uhr, dann essen sie weniger. Normalgewichtige dagegen lassen sich von dem äußeren Hinweisreiz Uhrzeit nicht so stark in ihrem Eßverhalten beeinflussen. Entsprechend fällt es Übergewichtigen auch oft leichter, sich bei Überseeaufenthalten auf die neuen Essenszeiten umzustellen.

b) Abnehmen

Psychologisch orientierte Abmagerungskuren enthalten neben Ditätvorschlägen Hinweise, wie man das Eßverhalten von den äußeren Reizen, von denen es kontrolliert wird, wieder abkoppeln kann. Dazu muß zunächst eine gründliche Bestandsaufnahme geleistet werden, in welchen Situationen man was ißt. Man kann dann versuchen, die typischen Auslösesituationen zu meiden, etwa indem man vorübergehend nicht mehr in die Kantine geht, wo man bequem aus einem Angebot wählen kann und wo Kollegen einen zum Essen ermuntern und anregen. Stattdessen sollte man nur noch selbstzubereitete Mahlzeiten essen, und die nach Möglichkeit zu Hause. Später muß man sich dann ganz gezielt wieder den typischen Auslösesituationen aussetzen, sollte aber dabei ein selbstgesetztes Nahrungsquantum nicht überschreiten. Wenn man die Auslösesituationen nicht meiden kann, dann kann man sich mit erfreulichen anderen Beschäftigungen von den Essensgelüsten abzulenken versuchen. Essen sollte nur zu festgelegten Zeiten und an festgelegten Orten stattfinden, nie als unkontrollierte Nebenbeschäftigung, etwa beim Arbeiten oder Fernsehen. Hat man ein bestimmtes Etappenziel beim Abmagern erreicht, dann kann man sich selbst eine Belohnung erteilen, aber natürlich nicht in Form von Essen. Der Belohnung oder Verstärkung dient auch das öffentliche Wiegen in Abmagerungsgruppen, wo jeder Fortschritt von den anderen mit Beifall und Lob quittiert wird. So entstehen neue, vernünftigere Eßgewohnheiten, und die quälenden Hungergefühle verschwinden allmählich. Durch die Abkoppelung von äußeren Reizen lernt man wieder auf die körpereigenen Signale zu achten und reagiert dann bei Streß und Angst auch mit einer Reduktion des Essens, statt sich mit mehr Essen zu trösten. Wichtig ist bei allen Abmagerungsprogrammen, daß die Betroffenen sich ihre Strategien und Ziele selbst wählen und nicht nach Vorschrift handeln. Sie werden zwar über die möglichen Strategien aufgeklärt, müssen dann aber ohne Druck von außen selbst entscheiden, wie und wie schnell sie vorgehen wollen. Es hat sich herausgestellt, daß solche selbstbestimmten Pläne viel eher in entsprechendes Verhalten umgesetzt werden als vorgegebene.

4. Das Problem der Unterernährung

a) Hungern

Während in den Industrieländern die Übergewichtigen mit ihrem erhöhten Herzinfarktrisiko ein gesellschaftliches Problem darstellen, hat man in den Ländern der Dritten Welt mit Hunger und Unterernährung zu kämpfen. Es gibt aber, entsprechend der Interessenlage der Industrieländer, kaum Untersuchungen über die psychischen Auswirkungen von Hunger, obwohl vielleicht solche Untersuchungen die Reaktionen hungernder Menschenmassen verständlicher machen und zum Abbau von Vorurteilen führen könnten. Lediglich eine Untersuchung von KEYS, die während des Zweiten Weltkriegs in den USA durchgeführt wurde und sich mit den Folgen langdauernden Hungerns befaßt, hat Eingang in die psychologische Literatur gefunden. In der Hauptphase seines Experiments ließ KEYS seine – freiwilligen – Vpn 24 Wochen hindurch hungern. Ihre Ernährung bestand einseitig aus Brot, Kartoffeln, Nudeln, Rüben und Kohl und betrug ungefähr 1500 Kalorien pro Tag. Bei den Vpn trat eine Unterernährungsneurose mit folgenden Symptomen auf: Apathie, abnehmende soziale Aktivität, depressive Gestimmtheit, Reizbarkeit, Abbau von Eßmanieren und eine zwanghafte gedankliche Beschäftigung mit Eßvorgängen, Nahrungsbeschaffung und -zubereitung. Von ähnlichen Symptomen berichten auch Menschen, die sich Abmagerungskuren unterwerfen.

Aber das Hungern ist natürlich leichter zu ertragen, wenn man sich freiwillig der Prozedur unterzieht und ein Ziel vor Augen hat, auf das man sich freut, als wenn man unfreiwillig hungert und keine Verbesserung der Lebenssituation erhoffen kann. Bei Abmagerungskuren treten die oben angeführten Symptome übrigens deutlicher und länger auf, wenn man das Essen allmählich reduziert, als wenn man gar nichts mehr ißt.

b) Magersucht

Eine typische Wohlstandskrankheit ist die Magersucht oder Anorexia nervosa. Betroffen sind häufig junge Mädchen, die sich auf ein Gewicht bis zu 30 kg herunterhungern und dafür keine plausiblen Gründe angeben können. Sie argumentieren, daß sie sich abstoßend finden, wenn sie mehr wiegen, und daß sie Angst bekommen, wenn sie etwas gegessen haben. Das individuelle psychische Problem, das sich in diesem Verhalten ausdrückt, ist ihnen selbst nicht bewußt; es ist auch von Fall zu Fall verschieden, und es aufzudecken bedarf psychotherapeutischer Hilfe. Gemeinsam scheint vielen Magersüchtigen zu sein, daß sie sich mit ihrem Hungerstreik gegen die liebevoll-dominante Bevormundung der Eltern zur Wehr setzen. Sie drücken ihre Aggressionen durch die Essensverweigerung aus, strafen sich gleichzeitig aber auch selbst damit. Hinzu kommt ein Festhalten an der kindlichen Rolle, was durch den unterentwickelten Körper und durch die Betreuung, die sie durch ihre Krankheit erzwingen, ausgedrückt wird. Wenn sie ein kritisches Mindestgewicht erreichen, muß man sie, um Todesgefahr abzuwenden, zwangsernähren. Sonst hat es aber wenig Sinn, sie zum Essen zu nötigen, denn auf diesen Kampf lassen sie sich ein. Man muß stattdessen dafür sorgen, daß sie möglichst wenig Krankheitsgewinn durch Betreuung oder Aufmerksamkeit haben, und es ihnen freistellen, ob und wieviel sie essen wollen. Gleichzeitig – und das ist in der Regel nur in einem neutralen therapeutischen Rahmen möglich – muß man sie ermutigen, ihre Ängste und Aggressionen zu artikulieren und sich damit auseinanderzusetzen. Ähnlich verhält es sich bei der Bulimie, wo die Betroffenen zwischen Heißhunger, unmäßigem Essen und anschließendem Erbrechen hin- und herpendeln.

E. Das Bedürfnis nach Kontakt

Für viele Menschen ist das Essen eine freudlose Notwendigkeit, wenn sie es nicht in Gemeinschaft mit anderen zu sich nehmen können. Man lebt eben nicht vom Brot allein, sondern bedarf auch der Kommunikation mit anderen Menschen und deren Beachtung und Zuneigung. Das Bedürfnis nach Kontakt ist universell und zeit- und kulturunabhängig. Es variiert jedoch beträchtlich in seiner Stärke und in seiner Bedeutung, die es für einzelne Individuen hat – bekanntlich gibt es Einzelgänger und Betriebsnudeln. Die Psychologie hat sich mit den Ursprüngen des Kontaktmotivs befaßt und mit den verschiedenen Funktionen, die Kontakte für Menschen haben. Weiterhin hat sie die Bedingungen untersucht, welche die individuelle Ausprägung des Kontaktmotivs formen.

1. Die Entstehung und Entwicklung des Kontaktbedürfnisses

Noch vor einigen Jahrzehnten führte man das Kontaktmotiv gerne auf einen Herdeninstinkt oder –trieb zurück, welcher bedingt, daß den Menschen ein Urgefühl von Wohlbehagen befällt, wenn er sich inmitten seiner Gefährten befindet. Dieser Instinkt oder Trieb könnte dazu verholfen haben, daß die menschliche Art überlebte und sich fortentwickelte: Man meisterte Gefahren und Nöte durch gemeinsames Handeln; jeder für sich allein wäre überfordert gewesen. Heute spricht man aus den eingangs erwähnten Gründen lieber von einem Kontakt- oder Anschlußmotiv, manchmal auch von einem Affiliationsmotiv (need affiliation), das dem Menschen eigen ist. Schwer zu klären ist, ob es sich dabei um ein angeborenes, primäres Motiv handelt oder um ein erworbenes, sekundäres. Naturgemäß ist der Mensch als *physiologische Frühgeburt* (PORTMANN) in seinen ersten Lebensjahren auf Kontakte mit anderen Menschen angewiesen. So lernt er vom ersten

Das Bedürfnis nach Kontakt

Tag an Kontakte zu schätzen, weil sie mit Sattsein, Wärme und Sicherheit verbunden sind. Andererseits sind Zärtlichkeiten und Kommunikationen, die das Kind in den frühen Kontaktsituationen erfährt, keine entbehrlichen Beigaben zum biologisch Notwendigen. Fehlen sie nämlich, dann werden Kinder krank und sterben sogar, auch wenn für Nahrung und körperliche Unversehrtheit gesorgt ist.

Bereits im Mittelalter wurde von dem wissenschaftlich interessierten Stauferkaiser Friedrich II. ein entsprechendes Experiment durchgeführt. Er wollte herausfinden, welche Ursprache Kinder entwickeln würden – er dachte an Hebräisch, Griechisch, Latein oder Deutsch –, wenn kein Mensch zuvor mit ihnen geredet hat. Zu diesem Zweck ließ er einige Neugeborene von Pflegerinnen versorgen, welche die Kinder zwar füttern und waschen, sonst aber keinerlei Kontakt zu ihnen aufnehmen durften. Leider kam er mit seiner Sprachforschung nicht sehr weit, denn alle Kinder starben bald. Ohne das Händepatschen, das fröhliche Gesichterschneiden und die Koseworte ihrer Ammen vermochten die Kinder nicht zu leben, so berichtet eine Chronik.

Zu ähnlichen Ergebnissen kam SPITZ, der in den vierziger Jahren aufsehenerregende Untersuchungen an verschiedenen Kinderheimen in den USA durchführte. Er stellte fest, daß sich Heimkinder normal und gesund entwickelten, wenn sie am Tag mehrere Stunden individuell von ihren Müttern – es handelte sich um straffällige Frauen, die auch im Heim untergebracht waren – betreut werden konnten. In anderen Heimen, wo 8 bis 15 Kinder von einer häufig wechselnden Pflegerin versorgt wurden, waren große Entwicklungsrückstände bei den Kindern zu beobachten und ein erschreckend apathisches Verhalten. Die Kinder wirkten freudlos, passiv und nahmen keinen Kontakt mehr zu den Menschen ihrer Umwelt auf. Von 91 Kindern eines Waisenhauses, deren Entwicklung SPITZ über mehrere Jahre verfolgte, starben 27 in ihrem ersten und weitere 7 in ihrem zweiten Lebensjahr, obwohl man diese Kinder ausreichend ernährt und hygienisch einwandfrei versorgt hatte. SPITZ führt die hohe Sterblichkeitsrate und die seelische Verkümmerung der Kinder, die er *Hospitalismus* nennt, auf das Fehlen einer konstanten Bezugsperson zurück und auf einen Mangel an Zärtlichkeit und Ansprache. Besonders schwerwiegend sind die Schäden, wenn es im ersten Lebensjahr zu einer Trennung zwischen dem Kind und seiner festen Bezugsperson kommt und wenn die Zeit, in der das Kind ohne feste neue Bezugsperson ist, länger als fünf Monate dauert. Heute versucht man in Heimen durch kleine Gruppen und familienähnliche Zusammenschlüsse, Hospitalismusschäden zu vermeiden, aber es passiert immer noch, daß einzelne Kinder zwischen verschiedenen Pflegefamilien und Heimen herumgereicht werden und so keine stabile Personbeziehung aufbauen können. Auch das Rooming-in, das inzwischen in vielen Wochenbettstationen praktiziert wird, dient dazu, eine stabile Beziehung zwischen dem Neugeborenen und seiner Mutter von Anfang an zu ermöglichen.

2. Die Bedeutung des Kontaktbedürfnisses für die Identität

Kontakte zu anderen Menschen sind nicht nur an sich befriedigend, sondern haben auch einen funktionalen Wert für die Entwicklung des Individuums und seine Anpassung an die Gesellschaft. Aus der Sicht der Gesellschaft sind sie notwendig, damit über Nachahmungslernen und Identifikationen aus kleinen Barbaren sittsame, zivilisierte Erwachsene werden. Das Individuum braucht Kontakte, um seine Identität auszubilden und seine Umwelt im Griff zu halten. Durch den Vergleich mit anderen und die Feststellung von Ähnlichkeiten und Abweichungen gewinnt das Bild, das man von sich selbst hat, an Konturen, ebenso durch Rückmeldungen darüber, wie man auf andere wirkt und von ihnen eingeschätzt wird. Die Korrekturen, die durch den sozialen Vergleich notwendig werden, verhelfen zu einer realistischen Einschätzung der eigenen Fähigkeiten und zu fundierten Meinungen und Einstellungen. Damit wird man sicherer in der Beurteilung eigener Handlungsmöglichkeiten und kann effektiver auf seine Umwelt Einfluß nehmen.

Das Jugendalter zwischen 12 und 18 Jahren ist eine Zeit, in der es häufig zu einer Identitätskrise kommt. Neue Erfahrungen, größere Handlungsspielräume und oftmals widersprüchliche Verhaltenserwartungen, die von außen an die Jugendlichen herangetragen werden, sind die Ursache dafür. Eine Orientierung allein an den Erwartungen der Familie ist unbefriedigend, weil man sich ja aus dieser Abhängigkeit allmählich lösen muß und weil innerhalb der Familie die Rolle des Jugendlichen als Kind mehr oder weniger festgeschrieben ist. Deshalb sind Jugendliche stark auf die Gleichaltrigen oder die Peer-Gruppe angewiesen. In der Peer-Gruppe kann man neue Verhaltensweisen, etwa das Diskutieren, ausprobieren, ohne daß man laufend durch Besserwissende korrigiert wird, wie es in der Familie oder Schule häufig der Fall ist. Man kann auch neue Wertvorstellungen entwickeln, ohne damit gleich Besorgnis hervorzurufen. Man erfährt, wie man als Junge oder Mädchen auf das andere Geschlecht wirkt und wie man sich in solchen Beziehungen verhalten kann. Fähigkeiten, die in Schule und Familie keine Rolle spielen, wie gute Witze erzählen oder gut Gitarre spielen können, werden von der Gruppe honoriert. All das trägt bei zur Ausformung und Stabilisierung einer neuen, nicht mehr kindlich-abhängigen Identität und häufig auch zu einem besseren Selbstwertgefühl. Leistet die Gruppe die an sie gestellten Erwartungen nicht, dann kann man sie, anders als eine Familie oder Schulklasse, wechseln.

Unter dem Gesichtspunkt, daß Kontakte Einfluß auf die Identität des einzelnen nehmen, ist es nicht verwunderlich, daß in freundschaftlichen Beziehungen oder Liebesbeziehungen Ähnlichkeit der Partner häufiger anzutreffen ist als Gegensätzlichkeit, zumindest was die als wichtig empfundenen Eigenschaften und Einstellungen betrifft. Ein wohlhabender Industrieller verkehrt in der Regel nicht mit erfolglosen und wenig betuchten Künstlern – alle Berufs- und Besitzstände bleiben lieber unter ihresgleichen. Ein überzeugter Katholik heiratet keine konfessionslose

Freidenkerin, und ein Hundeliebhaber wird sich schwer mit jemandem anfreunden, der beim Anblick seiner Lieblinge in panische Angst gerät. Wenn man sich mit seinesgleichen umgibt, dann wird man durch ähnliche Lebensführung, Ansichten und Erwartungen nicht ständig in Frage gestellt, sondern fühlt sich eher bestätigt und verstärkt.

SCHACHTER konnte 1959 in einem Experiment nachweisen, daß das Bedürfnis nach Kontakt steigt, wenn man Menschen in Angst versetzt. Einige Jahre danach führten ZIMBARDO und FORMICA ein Experiment durch, welches sich an das von SCHACHTER anlehnt: In Einzelversuchen teilten sie ihren Vpn mit, daß sie gleich einer schmerzhaften Schockbehandlung unterzogen würden. Auf diese Weise wurde bei den meisten Vpn Angst induziert. Dann wurden die Vpn gefragt, wie sie die Wartezeit bis zum Beginn des Experiments verbringen wollten: mit einer Vp, die auch noch auf die Schockbehandlung wartete, oder mit einer, welche die Tortur schon hinter sich hatte. Die meisten Vpn entschieden sich für die noch wartenden Leidensgenossen – Angst verbindet offensichtlich. Ähnliche Reaktionen kann man vor Prüfungen beobachten.

3. Die unterschiedliche Stärke des Kontaktbedürfnisses

Wie kommt es nun, daß manche Menschen generell eher gesellig sind und Kontakte regelrecht suchen, während andere eher Einzelgänger sind und die Gegenwart anderer bestenfalls ertragen, aber selten genießen?

a) Der Einfluß der Anlage

Nach der Persönlichkeitstheorie von EYSENCK ist dafür eine angeborene Disposition ausschlaggebend, die sich zwischen den Polen *Introversion-Extraversion* bewegt. Extravertierte sind gesellige, aus sich herausgehende Menschen; Introvertierte sind menschenscheu und empfindsam. Aufgrund von Lernexperimenten nimmt man an, daß Extravertierte von Geburt an über ein stabileres, weniger leicht erregbares autonomes Nervensystem verfügen als Introvertierte. Bei schwachen Reizbedingungen sind Extravertierte nicht so gut konditionierbar; sie lernen deshalb auch Angst oder Schreck nicht so schnell. Um die kortikale Erregung auf einem angenehmen Niveau zu halten, entwickeln sie einen größeren Reizhunger und suchen häufiger stimulierende Situationen auf als Introvertierte. Weiterhin reagieren Extravertierte im Gegensatz zu Introvertierten auf Belohnungen mit höherer kortikaler Erregung und auf Bestrafungen mit geringerer. Diese angeborenen Unterschiede in den neurologischen Abläufen werden als Ursache für das unterschiedliche Sozialverhalten angenommen. Der Extravertierte braucht die Stimulierung durch die Gruppe und reagiert robust auf Enttäuschungen. Der Introvertierte fühlt sich durch das hohe Maß an Stimulierung, wie es in der Gruppe entsteht, eher irritiert und erlebt Mißverständnisse, Unstimmigkeiten, Zurückweisungen als sehr belastend.

b) Die familiäre Sozialisation

Neben Anlagefaktoren spielen Lernprozesse eine wichtige Rolle bei der Ausbildung des Kontaktmotivs. Das Kind lernt an Modellen seiner Umwelt, vorzugsweise an dem seiner Eltern, wann Geselligkeit wünschenswert ist, wie man Beziehungen pflegt und wie offen man anderen Menschen gegenüber ist. Für adäquate Kontaktwünsche und -verhaltensweisen wird es verstärkt, inadäquate werden durch Erfolglosigkeit oder Bestrafungen gelöscht. Gleichzeitig wird das Kontaktmotiv durch die Erfahrungen geformt, die ein Kind im Umgang mit seinen nächsten Angehörigen macht, von denen es in den ersten Lebensjahren ja vollständig abhängig ist. Auf diesen Sachverhalt legt die psychoanalytische Entwicklungslehre besonderen Wert. Sie geht sogar so weit, den Kontakterfahrungen des ersten Lebensjahres eine prägende Wirkung auf das spätere Kontaktmotiv zuzusprechen. Das wird folgendermaßen begründet:

Ein Kind im ersten Lebensjahr hat eine Reihe angeborener Bedürfnisse; es braucht Nahrung, Wärme, Hautkontakt, orale Erfahrungen, Ansprache, Reizabwechslung und einen stabilen Lebensraum zur Orientierung. Für die Befriedigung dieser Bedürfnisse ist es voll und ganz auf das Einfühlungsvermögen und die Bereitwilligkeit seiner Umwelt angewiesen. Werden seine Bedürfnisse weitgehend befriedigt, dann entwickelt es ein *Urvertrauen*, d. h. ein grundlegendes Gefühl, in dieser Welt gut aufgehoben und sicher zu sein. Urvertrauen ist Voraussetzung für emotionale Bindungsfähigkeit und Kontaktfreude. Überwiegen im ersten Lebensjahr jedoch Mangelerlebnisse, so entsteht *Urmißtrauen*, d. h. ein Gefühl von Angst und Unsicherheit, was leicht zu einer Distanzierung von anderen Menschen und zu Einzelgängertum führt.

Die Psychoanalytiker ELHARDT und RIEMANN haben detailliert und anhand von Fallbeispielen dargestellt, wie sich die Entwicklung zu einer Persönlichkeit, die durch Bindungsunfähigkeit und Distanz gekennzeichnet ist, vollzieht. Als Anlagefaktoren nehmen sie seelische Labilität im Sinne der Introversion an oder besonders starke motorisch-expansive Neigungen, durch die das Kind seiner Umwelt leicht lästig wird. Ausschlaggebend sind jedoch nach ELHARDTS und RIEMANNS Auffassung nicht die Anlagefaktoren, sondern eine zusätzliche emotionale Unter- oder Fehlernährung im ersten Lebensjahr. Das Kind erfährt entweder zu wenig liebevolle Geborgenheit, oder es wird mit zu vielen wechselnden und widersprüchlichen Eindrücken überschüttet. Es fehlt dann der stabile Lebensraum, an dem es sich orientieren kann. Aus Angst vor weiteren Enttäuschungen oder vor dem Überwältigtwerden durch die Umwelt verdrängt das Kind seine ursprünglichen Bedürfnisse nach Kontakt und zieht sich mehr und mehr auf sich selbst zurück. In den folgenden Jahren stabilisiert sich diese Entwicklung, denn die Umwelt eines Kindes verändert sich gewöhnlich nicht abrupt nach seinem ersten Lebensjahr. Außerdem trägt das Kind jetzt durch sein vorsichtiges und zurückhaltendes Verhalten selbst dazu bei, daß man ihm nicht zu nahe kommt. So entstehen schizoide Charaktere, die durch Distanz, Kühle, Mißtrauen, Kontaktunsicherheit und Bindungsunfähigkeit gekennzeichnet sind, wobei es natürlich zahlreiche graduelle Abstufungen gibt. Es wäre jedoch falsch, die schizoide Persönlichkeit nur negativ zu sehen; ihre positiven Seiten liegen in ihrer Unabhängigkeit und kühlen, unbestechlichen Sachlichkeit. Neben der schizoiden Struktur beschreiben ELHARDT und RIEMANN noch drei weitere Persönlichkeitsstrukturen, die auch Eigenarten im Kontaktverhalten aufweisen, bei denen jedoch die Kontaktstörung nicht so zentral ist wie bei der schizoiden Struktur. Der depressive Mensch klammert sich an andere, der zwanghafte bevorzugt konventionelle und kontrollierte Kontakte, der hysterische sucht Abwechslung und läßt sich durch andere stark beeinflussen.

Auf den ersten Blick hat man den Eindruck, daß die Psychoanalytiker offenbar nur kontaktgestörte Menschen kennen, deren frühkindliche Sozialisation mißlungen ist. Aber die Analytiker verweisen deutlich auf Abstufungen in der Intensität, mit der die einzelnen Strukturen ausgebildet sein können. Schizoide können leicht kontaktgehemmt, aber auch autistisch oder schizophren sein, womit eine weitgehende Lösung von der Realität und Konzentration auf die eigenen Phantasien gemeint ist. Problematisch jedoch ist die Aufteilung der Menschen in vier verschiedene Typen, weil solch eine Aufteilung immer nur unter bestimmten Aspekten vorgenommen werden kann und leicht zur Klischeebildung führt. Ebenfalls problematisch ist die prägende und irreversible Wirkung, welche die Psychoanalyse den Erfahrungen der frühen Kindheit zuschreibt. Man neigt heute eher zu der Annahme, daß auch spätere Kontakterfahrungen so eindrucksvoll und nachhaltig sein können, daß sie die Stärke des Kontaktmotivs entscheidend beeinflussen.

c) Der Einfluß von gesellschaftlichen Wertvorstellungen

Der amerikanische Psychologe ZIMBARDO verweist darauf, daß neben individuellen Anlagefaktoren und familiären Sozialisationsbedingungen auch die Wertvorstellungen einer Gesellschaft Einfluß haben auf die Stärke des Kontaktmotivs. Wo kulturelle Normen Wettbewerb, Leistungsstreben und Erfolg als Soll vorgeben, treten leicht Unsicherheiten und Ängste im Kontakt mit anderen Menschen auf und in der Folge auch Kontaktvermeidung. ZIMBARDOS Thema ist *Schüchternheit*. Damit meint er die Tendenz, soziale Begegnungen zu meiden und sich unsicher und unfrei in Gegenwart anderer Menschen zu fühlen, sofern einem diese nicht lang vertraut sind. Die Situation, in die man sich dadurch begibt, ist jedoch paradox: Einerseits legt man auf das positive Urteil anderer Menschen sehr viel Wert, andererseits verhindert man die Entstehung eines positiven Urteils, weil man sich zu sehr zurückhält und anderen aus dem Wege geht. Schüchterne Menschen leiden deshalb auch häufig unter ihrer Schüchternheit. Sie berichten, daß sie sich isoliert fühlen, häufig deprimiert sind, falsch eingeschätzt werden, sich oft auch ein falsches Bild von anderen Menschen machen, sich nicht durchsetzen können und wenig Unterstützung durch andere erfahren. ZIMBARDO behauptet, daß in israelischen Kibbuzzim und in der Volksrepublik China, wo Gruppenerfolg mehr zählt als die Profilierung des einzelnen, Schüchternheit seltener auftritt als in den USA, daß andererseits in Japan Schüchternheit besonders häufig vorkommt, aber auch positiver bewertet wird, nämlich als angenehme Bescheidenheit und Zurückhaltung.

F. Das Leistungsmotiv

Mit der Leistungsmotivation beschäftigt sich die Psychologie seit den 50er Jahren intensiv. Gegenstand der Forschung sind die Entwicklungsbedingungen und Förderungsmöglichkeiten des Leistungsmotivs. Dieses Interesse hat vor allem ökonomische Gründe: Engagierte, strebsame Menschen handeln und arbeiten effektiver als solche, die sich nur unter Druck in Bewegung setzen.

1. Die Wurzeln des Leistungsmotivs

a) Neugier und kognitiver Konflikt

Das Leistungsmotiv ist ein sekundäres Motiv, dessen Wurzeln in der angeborenen Neugier und Entdeckerfreude des Menschen liegen. Kleinkinder können ihrer Umwelt mit dieser Neugier und Entdeckerlust manchmal auf die Nerven gehen. Sehen sie einen unbekannten Gegenstand, so ergreifen sie ihn und erkunden mit Mund und Händen seine Merkmale. Anschließend spielen sie mit ihm, ohne Ziel, einfach aus Lust an den neuen Erfahrungen und aus Lust an der Tätigkeit, die viele Male wiederholt wird. Wenn der neue Gegenstand hinreichend bekannt und die Funktionslust befriedigt ist, entsteht Langeweile, und das Kind wendet sich neuen Objekten und Tätigkeiten zu. Sein Interesse gilt bevorzugt jenen Reizen, die einen kognitiven Konflikt hervorrufen, also Reizen, die anders sind als die bisher vertrauten, aber auch wieder nicht zu fremd. Milchdosen, Kaffeetassen, Zigarettenschachteln z. B. unterscheiden sich deutlich vom Spielzeug des Kindes in Material und Form, ähneln ihm aber in Größe und Farbigkeit. Die Attraktivität dieser Dinge liegt im Halbvertrauten; sie sind nicht langweilig, aber auch nicht beängstigend fremd. Die kognitiven Konflikte, die sie hervorrufen, kann man als gedankliche Unsicherheiten umschreiben, die sich aus Widersprüchen zwischen dem vorhandenen Wissen und den daraus abgeleiteten Erwartungen einerseits und den neuen Informationen andererseits ergeben, oder aus Widersprüchen und Mehrdeutigkeiten, die in den neuen Informationen selbst liegen. Man fühlt sich dadurch verwirrt, zweifelt und reagiert mit Aktivität: Der unklare Sachverhalt muß geprüft und geklärt werden. Man könnte auch sagen, daß die ins Ungleichgewicht geratenen kognitiven Strukturen wieder neu ausbalanciert werden müssen (PIAGET). Werden jedoch die Verwirrung und die Unsicherheit sehr groß, dann weicht man lieber aus, anstatt zu klären.

Kognitive Konflikte sind, sofern sie nicht beängstigend wirken und ein Ausweichen hervorrufen, bei älteren Kindern und Erwachsenen gute Auslöser für eine erhöhte Leistungsmotivation. Bei einem Kleinkind kann man aber noch nicht von Leistungsmotivation sprechen: Es ist zwar neugierig, aber noch nicht leistungsmotiviert, und sein Explorieren ist kein leistungsbezogenes Handeln. Zudem ist die Situation, in der es sich beim Erkunden seiner Umwelt befindet, im strengen Sinne auch keine Leistungssituation, weil sie keine Aufgabe enthält, die objektiv richtig oder falsch gelöst werden könnte.

b) Kognitive Fähigkeiten

Für die Entstehung des Leistungsmotivs sind von der Seite des Individuums her verschiedene kognitive Voraussetzungen erforderlich. Zunächst muß man den Schwierigkeitsgrad verschiedener Tätigkeiten unterscheiden können. Das lernen Kinder allmählich in den ersten Lebensjahren; sie bevorzugen Tätigkeiten, die einen mittleren Schwierigkeitsgrad haben und an denen sie ihre Fähigkeiten gut testen können. Dann muß man einen von außen gesetzten Gütemaßstab akzeptieren, an dem man die eigenen Handlungsresultate mißt, und man muß Erfolg oder Mißerfolg der Handlung auf sich selbst als Urheber zurückführen, sich also selbst dafür verantwortlich fühlen. HECKHAUSEN stellte in Experimenten fest, daß die letzten beiden Bedingungen in der Regel erst von Dreijährigen erfüllt werden. Er ließ Kinder ab zwei Jahren im Einzelversuch Türme aus Ringen bauen und forderte sie dabei zum Wettbewerb mit dem Versuchsleiter auf, der das Gewinnen oder Verlieren manipulierte. Es zeigte sich, daß Zweijährige gar nicht verstanden, worauf es bei diesem Spiel ankam. Das Früher- oder Späterfertigwerden als Gütemaßstab hatte für sie keine Bedeutung; sie bauten je nach Laune mit vielen Unterbrechungen oder auch zielstrebig, und wenn der Turm fertig war, so freuten sie sich darüber, nicht aber über den Sieg, den man ihnen gewährte. Ließ der Versuchsleiter sie verlieren, dann erlebten sie auch keinen Mißerfolg und kein persönliches Versagen. Anders hingegen die Vierjährigen: Sie akzeptierten das Früherfertigwerden als Leistungsziel, freuten sich sichtbar, wenn sie gewannen, und führten das Gewinnen auf ihre eigenen Fähigkeiten oder Anstrengungen zurück. Beim Verlieren zeigten sie Enttäuschung und Verlegenheit. Aus diesen

Befunden darf man jedoch nicht ableiten, daß Vierjährige von sich aus zum Wetteifer neigen, denn der Versuchsleiter hat mit seiner Instruktion das Interesse am Wettbewerb ja induziert. Die Ergebnisse von HECKHAUSEN zeigen lediglich, daß die kognitiven Voraussetzungen für leistungsmotiviertes Handeln ungefähr im Alter von drei Jahren gegeben sind.

Auf der Basis von Neugier und Entdeckungslust und den genannten kognitiven Fähigkeiten entwickelt sich allmählich das Leistungsmotiv. Darunter versteht man nach HECKHAUSEN das Bestreben, die persönliche Tüchtigkeit in allen jenen Bereichen zu steigern, in denen man einen Gütemaßstab für verbindlich hält und deren Ausführung deshalb gelingen oder mißlingen kann.

c) Anregungen und Erziehung zur Selbständigkeit

Seine individuelle Ausprägung erhält das Leistungsmotiv vorwiegend durch familiäre Sozialisationsprozesse. Eine anregende Umwelt erweitert den kindlichen Horizont und provoziert kognitive Konflikte. Eine angemessene Selbständigkeitserziehung, die von dem Kind viel fordert, ohne es jedoch zu überfordern, gibt Spielraum zur Erprobung der eigenen Kompetenzen und fördert Anstrengungsbereitschaft und Erfolgserlebnisse. Möglicherweise ist es heute schwerer als früher, Kinder zur Selbständigkeit zu erziehen. So bedingen die Gefahren des Straßenverkehrs, daß sich Kleinkinder kaum noch unbeaufsichtigt zum Einkaufen oder Spielen auf die Straße begeben können.

2. Extrinsische und intrinsische Leistungsmotivation

Neben kognitiven Anregungen und selbständigen Handlungsmöglichkeiten spielen bei der Entwicklung des Leistungsmotivs, ähnlich wie beim Anschlußmotiv, auch Identifikationen mit Eltern, Nachahmungslernen und Verstärkungsprozesse eine Rolle. Den Verstärkungsprozessen hat man viel Aufmerksamkeit gewidmet, weil sie die Chance geben, gezielt von außen auf die Entwicklung des Leistungsmotivs einzuwirken. Wenn die Umwelt Leistungsverhalten mit sozialen oder materiellen Verstärkern honoriert, dann wird das Verhalten wegen seiner Konsequenzen für das Kind attraktiv, und es wird zu Wiederholungen neigen. Man erhofft, daß das gewünschte Leistungsverhalten auf die Dauer aber nicht wegen der von außen gesetzten Belohnung gezeigt wird, sondern daß das Kind allmählich Spaß an der Leistung selbst entwickelt und der äußeren Verstärkung nicht mehr bedarf. In diesem Zusammenhang unterscheidet man extrinsische und intrinsische Leistungsmotivation. Extrinsische Motivation liegt vor, wenn man eine Handlung ausführt wegen einer von außen gesetzten Belohnung; intrinsische Motivation liegt vor, wenn man eine Handlung um ihrer selbst willen ausführt, weil man die Handlung angenehm oder wichtig findet oder weil man Freude an dem geschaffenen Produkt hat. Wenn man wegen einer guten Schulnote oder einer Geldprämie lernt, ist man extrinsisch motiviert; wenn man lernt, um etwas zu können oder um ein kniffliges Problem zu lösen, liegt intrinsische Motivation vor. Allerdings ist es problematisch, eine hohe Leistungsmotivation durch Verstärkungen von außen heranzüchten zu wollen, denn diese Maßnahmen erhöhen ja die Abhängigkeit und Fremdbestimmung eines Menschen. Zudem hat sich gezeigt, daß Belohnungen längst nicht so wirksam sind, wie man vor einigen Jahren noch im Sinne der behavioristischen Lerntheorie glaubte. Es sind vor allem einfache und ungeliebte Routineaufgaben, die durch Belohnungen attraktiver werden, wohingegen schwierigere und reizvollere Aufgaben durch Belohnungen nicht aufgewertet werden, sondern eher darunter leiden. Die in Aussicht gestellte Belohnung verführt nämlich dazu, daß man möglichst schnell zu einem Ergebnis kommen möchte, dabei auf bekannte Denk- und Handlungsstrategien zurückgreift und wenig flexibel oder kreativ an die Aufgaben herangeht. LEPPER, GREENE und NISBETT (1973) konnten in einem Experiment sogar nachweisen, daß man bei Kindern eine intrinisische Motivation durch Belohnungen zerstören kann. Sie ließen Kindergartenkinder mit neuen Filzstiften malen. In einer Gruppe wurde dafür eine Belohnung – eine Urkunde über gute Malfähigkeiten – in Aussicht gestellt und anschließend übergeben, eine andere Gruppe erhielt keine Belohnung für das Malen. Nach zwei Wochen wurden die Filzstifte wieder ausgeteilt, aber diesmal wurde keiner Gruppe eine Belohnung versprochen. Es zeigte sich, daß die Kinder, die beim erstenmal belohnt worden waren, sich viel weniger mit den Stiften beschäftigten als die Gruppe, die nicht belohnt worden war.

Manchmal wird eine von außen gesetzte Belohnung auch als Bestechung empfunden: Man hat das Gefühl, eingekauft zu werden, und wehrt sich dagegen. Diesen Widerstand gegen die Bevormundung durch andere nennt man Reaktanz. Ein Schüler, der für das Fach Geschichte nichts tut und deswegen im Zeugnis regelmäßig eine Fünf erhält, wird vielleicht kurz aufhorchen, wenn ihm seine Eltern für eine Drei eine Stereoanlage versprechen. Möglicherweise wird er es aber vorziehen, Geschichte weiterhin links liegen zu lassen. Die Jagd nach der Belohnung würde seinen Freiheitsspielraum einengen und ihn von der Erziehungsgewalt der Eltern abhängiger machen, als er sein möchte.

3. Erfolgsorientierung und Mißerfolgsängstlichkeit

Menschen unterscheiden sich nicht nur in der Stärke ihrer Leistungsmotive, auch die Ausrichtung der Leistungsmotive kann verschieden sein. Man kann mehr daran interessiert sein, Erfolge zu erlangen – dann ist man erfolgsorientiert –, oder man kann stärker danach trachten, Mißerfolge zu vermeiden – dann ist man mißerfolgsängstlich. Diese unterschiedliche Ausrichtung hat bedeutsame Konsequenzen für das Risikoverhalten und das Anspruchsniveau, das man sich setzt. Erfolgsorientierte wählen unter verschiedenen Aufgaben vorzugsweise die, welche einen mittleren bis hohen Schwierigkeitsgrad haben. Gelingen diese Aufgaben, dann schrauben sie ihr Anspruchsniveau langsam höher. Erfolge begründen sie internal mit Einsatzbereitschaft und Fähigkeiten, Mißerfolge führen sie eher auf die Schwierigkeiten der Aufgaben oder auch einfach auf Pech zurück. Mißerfolgsängstliche scheuen mittelschwere Aufgaben – die Gefahr des Mißlingens ängstigt sie sehr. Sie wählen stattdessen leichte Aufgaben, die sie ganz bestimmt können, aber dadurch bringen sie sich auch um ein richtiges Erfogserlebnis. Oder sie wählen quasi als Kompensation ganz schwierige Aufgaben; den zwangsläufig auftretenden Mißerfolg können sie mit Verweis auf die Schwierigkeit der Aufgabe entschuldigen. Wenn ihnen schwerere Aufgaben gelingen, dann atmen sie erleichtert auf und schrauben ihr Anspruchsniveau schnell wieder zurück – das Risiko des Mißerfolgs soll möglichst klein gehalten werden. Sie neigen dazu, Erfolge external zu attribuieren, indem sie sie auf Zufall oder Glück zurückführen, Mißerfolge dagegen eher internal mit Unfähigkeit, außer eben bei ganz schwierigen Aufgaben. Natürlich ist niemand ausschließlich erfolgsorientiert oder ausschließlich mißerfolgsängstlich, so wie auch kein Mensch in allen Lebensbereichen durchgehend hoch oder niedrig motiviert ist. Bei leistungsbezogenen Handlungen sind immer beide Tendenzen im Spiel, aber es gibt doch Menschen, bei denen die Mißerfolgsängstlichkeit deutlicher ausgeprägt ist als das Streben nach Erfolg. Als Ursache dafür kann man eine strenge Erziehung annehmen, bei der Mißerfolge hart bestraft und Erfolge als selbstverständlich hingenommen wurden. Es kann aber auch eine dauernde Überforderung vorausgegangen sein, die zu einer traumatischen Kette von Mißerfolgen geführt hat.

4. Die Veränderung der Leistungsmotivation

Längsschnittuntersuchungen haben ergeben, daß Leistungsmotive in ihrer Stärke und Ausrichtung vom zehnten Lebensjahr an weitgehend festgelegt sind und sich dann kaum noch verändern. Dennoch gibt es eine Reihe von Motivationstrainings, die auch später Änderungen der schulischen oder beruflichen Leistungsmotivation anstreben. Solche Trainings werden vielfach als erfolgreich beschrieben; die Frage ist jedoch, wie generell und wie stabil die Änderungseffekte sind.

a) Voraussetzungen

Nach McClelland sind folgende Voraussetzungen wichtig, damit ein Trainingsprogramm die Leistungsmotivation erfolgreich erhöht: Das Programm muß dafür sorgen, daß die gewünschte Änderung auch rational erfaßt und begründet werden kann. Guter Wille zur Änderung allein reicht nicht – eine kognitive Absicherung ist wichtig. Sie wird erreicht, indem man die Betroffenen anhält, über ihr persönliches Leistungsverhalten, über die Denkprozesse, die dabei ablaufen, und über ihr Erleben von Erfolg und Mißerfolg zu sprechen. Man informiert sie außerdem über psychologische Forschungsergebnisse zur Leistungsmotivation. Weiterhin muß das Programm Raum lassen für die Selbstbestimmung der Ziele, die man anstrebt, und es muß eine Selbstverpflichtung bezüglich dieser Ziele stattfinden. Die Betroffenen sollen sich also nicht fremder Überredung beugen, sondern von sich aus Entscheidungen treffen, in welcher Hinsicht und in welchem Umfang sie ihr Leistungsverhalten ändern wollen. In der Terminologie der Motivationspsychologie ausgedrückt: Sie sollen *origins* sein, nicht *pawns* (pawn = Figur im Schachspiel). MCCLELLAND führte nach diesen Prinzipien viele Motivationstrainings in Betrieben und Schulen durch. In Schulen war er weniger erfolgreich als in Betrieben, was er auf die geringen Selbstbestimmungsmöglichkeiten der Schüler zurückführt und auf zu wenig herausfordernde Aufgaben.

b) Beispiel eines Trainingsprogramms

In der Bundesrepublik führte BOSSONG von 1975 bis 1976 ein fünfmonatiges Training mit 41 Kindern aus sechsten Klassen von Gymnasium, Realschule und Hauptschule durch. Sein Vpn waren sogenannte *Underachiever*, d. h. ihre Schulleistungen lagen deutlich unter dem Niveau, das von den Ergebnissen eines Intelligenztests her zu erwarten gewesen wäre. Es lag nahe, ihr schlechtes schulisches Abschneiden nicht auf ein Intelligenzdefizit, sondern auf einen Mangel an Motivation zurückzuführen. Alle Kinder nahmen freiwillig an dem Training teil. Die Lehrer erhielten von BOSSONG die Anweisung, die betreffenden Kinder mindestens zweimal pro Stunde dranzunehmen: Gute Leistungen sollten sie auf Anstrengung und Fähigkeiten zurückführen, schlechte auf einen Mangel an Anstrengung. In Einzelgesprächen informierte BOSSONG die Kinder über die Diskrepanz zwischen ihrem Intelligenztestergebnis und ihren Schulleistungen; den Kindern sollte klar werden, daß sie durch vermehrte Anstrengung auch bessere Schulleistungen bringen könnten. Es zeigte sich in diesen Einzelgesprächen, daß die Selbsteinschätzung vieler Kinder sehr gering war; sie trauten sich nur wenig zu.

Das eigentliche Training umfaßte dann wöchentliche Kleingruppensitzungen an den jeweiligen Schulen. Die Kinder mußten ihre Arbeitsprotokollbogen, in denen sie ihr tatsächliches Arbeitspensum der vergangenen Woche festgehalten hatten, erläutern. Wenn aus den Bögen hervorging, daß sie gebummelt hatten, wurde nicht getadelt. Es wurde lediglich bemerkt, daß man es hier oder da an Anstrengung habe fehlen lassen. Dann wurde das Arbeitsverhalten für die kommende Woche geplant, und es wurden Leistungsergebnisse bestimmt, die man erreichen wollte. Dabei achtete BOSSONG darauf, daß die Kinder sich möglichst realistische Ziele setzten, die etwas über den bisherigen Ergebnissen lagen. Im weiteren

Verlauf der Sitzung wurden internale Attribuierungen bei der Argumentation über die eigene Leistung eingeübt. In späteren Sitzungen ging es dann mehr darum, die Kinder für die emotionalen Anreize, die Leistungsmotivation wecken können – Freude über die gelungene Arbeit, Zufriedenheit, Mut und Stolz –, zu sensibilisieren.

Der Vergleich mit einer Kontrollgruppe ergab für die Experimentalgruppe nach dem Training ein größeres Selbstvertrauen in die eigene Leistungsfähigkeit. Bei der Ursachenerklärung von Erfolg und Mißerfolg wurde stärker auf Anstrengung zurückgegriffen, weniger auf Aufgabenschwierigkeit; allerdings wurde Zufall nach wie vor häufig attribuiert. Bei den Schulleistungen traten leichte Verbesserungen auf, aber diese Tendenz war uneinheitlich. Möglicherweise war der Zeitraum zu kurz, um Auswirkungen auf die Schulleistungen zu erfassen.

G. Angst

Angst ist das unangenehme Gefühl, das einen befällt, wenn man plötzlich einer Gefahr gegenübersteht oder diese auf sich zukommen sieht. Angst hat motivierenden Charakter, denn sie führt zu Verhaltensweisen, mit denen man die drohende Gefahr abzuwenden versucht. So kann man Angst, aber auch andere Gefühle wie Mitleid, Ekel oder Heimweh, den Motiven zuordnen; sie sind Auslöser für zielstrebiges Verhalten.

Bei der Erforschung der Angst ist die Psychologie vielen verschiedenen Fragestellungen nachgegangen: Wie entsteht Angst? Welche Begleitreaktionen treten auf? Gibt es angeborene Ängste? Wie wird Angst gelernt? Wie kann man Angst messen? Wie kommt es, daß manche Menschen ängstlicher sind als andere? Welche Vermeidungsreaktionen folgen auf Angst? Wie beeinflußt Angst das Leistungsverhalten? Wie entstehen phobische Ängste? Wie kann man Angst abbauen?

Einige dieser Forschungsergebnisse, die sich mit der Entstehung von Angst und dem Folgeverhalten befassen, sollen im folgenden dargestellt werden. Dabei werden die Begriffe Angst und Furcht synonym verwendet. Die übliche Unterscheidung zwischen unspezifischer Angst und spezifischer Furcht vor etwas hat sich nämlich nicht bewährt, weil in der Realität Angst- und Furchtgefühle oft ein mittleres Maß an Spezifität aufweisen. Es haben viele Leute Furcht vor Unfällen, aber wenn sie sich auf die Straße begeben, denken sie in der Regel nicht an die aktuellen Gefahren, die ihnen drohen.

Angst

1. Die Entstehung von Angst

a) Angeborene Ängste

Was die Entstehung von Ängsten betrifft, so läßt sich pauschal sagen, daß einige im Menschen angelegt sind und somit zu seiner Natur gehören, daß die meisten jedoch im Laufe der lebenslangen Sozialisation erlernt werden. Angelegt sind z. B. die Ängste vor plötzlichen lauten Geräuschen, vor plötzlichen Lageveränderungen, vor Schlangen, vor großen Gewässern, vor Dunkelheit, Alleinsein und vor ganz fremden Reizen. Diese Ängste treten mehr oder weniger intensiv bei allen Menschen auf, vorwiegend in der Kindheit, und zwar auch dann, wenn keine negativen Erfahrungen mit dem gefürchteten Objekt oder der gefürchteten Situation vorliegen. Sie stellen ein biologisches Erbe dar, welches früher einmal für das Überleben der menschlichen Art von Bedeutung war. Neugeborene allerdings zeigen diese Ängste noch nicht. Sie zeigen überhaupt noch keine spezifischen Gefühlsregungen, sondern antworten auf angenehme wie auf unangenehme Reize nur mit einer allgemeinen Erregungszunahme. Die angelegten Ängste werden erst im Laufe der ersten Lebensjahre durch Reifungsprozesse entwickelt. Angst vor Schlangen tritt z. B. erst im Alter von ungefähr zwei Jahren auf. Die Angst vor Dunkelheit entwickelt sich vom zweiten Lebensjahr an, erreicht im Vorschulalter ihren Höhepunkt und verschwindet dann allmählich wieder.

b) Konditionierungen

Die meisten Ängste, mit denen Menschen sich herumplagen, entstehen aber durch Konditionierungen, Nachahmungen und Belehrungen. Die Anfälligkeit für Angstkonditionierungen ist teilweise abhängig von der Ansprechbarkeit des autonomen Nervensystems und somit auch anlagebedingt. Das ist der Grund, warum Kinder, die in sehr ähnlichen Umwelten aufwachsen, trotzdem unterschiedlich ängstlich sein können. Wie Angstkonditionierungen ablaufen, wurde am Beispiel des kleinen Albert im Kapitel „Lernen" beschrieben.

Erlernte Ängste sind nicht prinzipiell unnütz, sondern haben häufig eine Schutzfunktion. Sie signalisieren dem Individuum Gefahr und veranlassen es zu Handlungen zur Abwendung der Gefahr. Sie können aber auch unangemessen und überflüssig sein. Die Pelze, vor denen sich der kleine Albert schließlich fürchtet, stellen ja keine reale Gefahr dar, und seine Angstreaktionen sind für ihn und seine Umwelt nur eine unnötige Belastung. Solche überflüssigen Ängste sollten durch Löschungsprozesse möglichst schnell wieder abgebaut werden. Dazu kann man selbst beitragen, indem man sich dem angstauslösenden Reiz nähert und seine Ungefährlichkeit wiederholt erlebt. Leider neigt man aber dazu, einem angstauslösenden Reiz lieber aus dem Weg zu gehen. Wenn man mit diesem Ausweichverhalten Angst erfolgreich vermeidet, dann wird es leicht zu einer Gewohnheit, und ein Löschungsprozeß kann nicht stattfinden.

Ein weiteres Problem bei der Löschung von Angst besteht darin, daß man häufig nur kognitiv umlernt. Die körperlichen Begleiterscheinungen der Angst – Erhöhung des Blutdrucks, schnelleres Atmen, Herzklopfen, Schweißabsonderung – treten dann als Reaktionsreste der früheren Konditionierung weiterhin auf und können zur Ursache für psychosomatische Erkrankungen werden.

2. Das Zusammenspiel von körperlichen und geistigen Prozessen

a) Die JAMES-LANGE-Theorie

Die körperlichen Reaktionen, die bei Angst auftreten, beruhen auf einer erhöhten Sympathikus-Aktivität des autonomen Nervensystems. Sie sind unvermeidbare Bestandteile des Angstgefühls und können sehr lästig werden, vor allem, wenn man die Angst vertuschen will. Nach einer älteren Theorie von JAMES und LANGE sind sie sogar die Ursache von Gefühlen. Man kann die JAMES-LANGE-Theorie auf folgende Kurzformel bringen: „Wir weinen nicht, weil wir traurig sind, sondern wir sind traurig, weil wir weinen." Übertragen auf Angst müßte man sagen: „Unser Herz klopft nicht schneller, weil wir Angst haben, sondern wir haben Angst, weil unser Herz schneller klopft."

Diese Theorie ist nicht so absurd, wie es auf den ersten Blick scheint. Erfahrungen mit dem autogenen Training zeigen, daß man durch Muskelentspannung und ruhiges Atmen Angstgefühle tatsächlich mildern kann; auch Singen reduziert Angst durch das lange und tiefe Ausatmen. Gegen die Theorie spricht jedoch, daß die physiologischen Reaktionen häufig erst später eintreten als das Bewußtsein von Angst. Außerdem treten bei verschiedenen Gefühlen gleiche physiologische Reaktionen auf. Woher weiß man dann, ob Angst oder Ärger angesagt ist? Deshalb haben sich auch die sogenannten Lügendetektoren nicht bewährt, mit denen man die vegetativen Reaktionen eines Verdächtigen während des Verhörs aufzeichnete. Man kann damit zwar ein An- und Abschwellen der Erregung erfassen, aber nicht genau sagen, ob jetzt ein schlechtes Gewissen und die Angst vor Entdeckung dahinter stehen oder ob es die Aufregung darüber ist, daß man verdächtigt wird.

b) Die Theorie von ARNOLD und LAZARUS

Neue Theorien heben stärker die Bedeutung von Erkenntnis- und Bewertungsprozessen bei der Entstehung von Gefühlen hervor. Man nimmt an, daß Adrenalinausschüttung, vegetative Veränderungen und unwillkürliche Ausdrucksmechanismen Angstgefühle wachsen oder anschwellen lassen. Erhöhte Wachsamkeit führt dann zu einer genaueren Prüfung der angstauslösenden Situation, wobei auch Erfahrungen, Einstellungen und sprachliche Konzepte eine Rolle spielen. Aus dieser Situationsüberprüfung ergibt sich dann das spezifische Angsterlebnis (kognitive Gefühlstheorie von ARNOLD und LAZARUS).

Weil physiologische Reaktionen zur Entstehung von Gefühlen beitragen, kann man mit Medikamenten, die diese Körperprozesse beeinflussen, Gefühle verstärken oder abschwächen. Man kann also über den Körper auf die Gefühle einwirken. Umgekehrt können Erkenntnisprozesse auch auf den Körper und damit auf die Gesundheit des Menschen Einfluß nehmen. Wenn man sehr häufig Gefahren registriert, dann treibt das den Blutdruck immer wieder hoch, wodurch der Organismus über Gebühr belastet wird und eine psychosomatische Erkrankung entstehen kann.

3. Lernleistung und Angst

Der Einfluß, den Angst auf die Denk- und Lernfähigkeiten hat, läßt sich pauschal mit dem YERKES-DODSON-Gesetz (1908) erklären: Ein mittleres Maß an Erregung ist das optimale Antriebsniveau für gute Leistungen. Ist die Erregung sehr niedrig, z. B. beim Vor-sich-hindösen in einer Unterrichtsstunde, dann sinkt die Qualität der Leistungen, ebenso wenn die Erregung sehr hoch ist, wenn man in Panik gerät. Man handelt dann unüberlegt, kopflos und oftmals auch unangemessen kindlich oder primitiv.

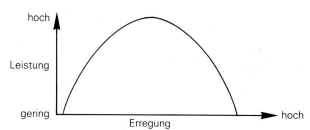

Abb. 29: YERKES-DODSON–Gesetz

Geht man davon aus, daß Angst mit einer Zunahme von Erregung einhergeht, dann muß ein Angstgrad, der eine mittlere Erregung hervorruft, leistungsfördernd sein, stärkere Angst jedoch leistungshemmend. In experimentellen Untersuchen hat man versucht, diesen Zusammenhang zu präzisieren. Es stellte sich heraus, daß vor allem Aufgaben, für die keine Routine vorliegt, und Aufgaben, die problemlösendes und kreatives Denken fordern, durch Angst stark beeinträchtigt werden. Welche Aufgaben als schwierig empfunden und noch nicht routiniert beherrscht werden, hängt natürlich von der Lerngeschichte eines jeden einzelnen ab und ist somit individuell verschieden. Zugleich spielen die Fähigkeiten, die man sich zutraut, und die tatsächliche Intelligenz bei dem Einfluß von Angst auf die Leistungen eine Rolle. Bei hoher Intelligenz werden Lern- und Denkleistungen durch Angst nicht so sehr beeinträchtigt wie bei niedriger. Liegt eine hohe Angstbereitschaft auf der Seite des Individuums vor, dann ruft schon eine geringfügige

Bedrohung Leistungsminderungen hervor. Störend sind die sogenannten *lösungsirrelevanten Reaktionen,* die durch Angst ausgelöst werden, z. B. das Nachdenken über die gefürchtete Blamage. Hilfreich ist das Fehlen von Angst – die notwendige Erregung zur Aufgabenerledigung kann sich ja aus intrinsischer Leistungsmotivation ergeben – oder ein geringer Angststimulus, der aber dem Bewußtsein nicht immer präsent sein darf, so daß eine Zentrierung auf die Arbeit möglich ist.

4. Die Abwehrmechanismen

Vertreter der Psychoanalyse – besonders Anna FREUD (1895 – 1982), die Tochter von Sigmund FREUD (1856 – 1939) – haben sich intensiv mit den inneren Vermeidungsreaktionen befaßt, die durch Angst ausgelöst werden können. Solche Vermeidungsreaktionen nennt man Abwehrmechanismen. Sie sind als innere Mechanismen weder der Fremdbeobachtung, noch, da sie unbewußt ablaufen, der Selbstbeobachtung zugänglich, sondern man kann sie nur aus dem Verhalten erschließen. A. FREUD und andere Analytiker haben an vielen Fallbeispielen dargestellt, wie Abwehrmechanismen entstehen und funktionieren und wie man sie ohne viele unüberprüfbare Annahmen plausibel erschließen kann. Von empirischen Psychologen wird die Existenz der Abwehrmechanismen weitgehend anerkannt. Viele halten die Erkenntnisse über Abwehrmechanismen für das Brauchbarste und Wichtigste, was die Psychoanalyse zu bieten hat.

a) Ihre Entstehung

Sieht ein Kind einen großen Hund auf sich zukommen, den es fürchtet, so wechselt es wahrscheinlich auf die andere Straßenseite. Es wählt ein motorisches Vermeidungs- oder Abwehrverhalten, mit dem es dem angstauslösenden Reiz aus dem Weg geht. Ebenso wie man motorisches Vermeidungs- und Abwehrverhalten in bedrohlichen Situationen zeigt, kann man auch mehr oder weniger bewußt zu kognitiven Vermeidungs- und Abwehrreaktionen greifen; das bedeutet, daß Wahrnehmung, Denken und Erinnerung der Gefahr aus dem Wege gehen. Diese Reaktionen werden vor allem dann gewählt, wenn eigene Motive als bedrohlich oder beängstigend erlebt werden. Ein Beispiel: Ein Kind verspürt Eifersucht und Aggressionen seinen jüngeren Geschwistern gegenüber. Läßt es diesen Impulsen freien Lauf, dann riskiert es eine Bestrafung durch seine Eltern, vielleicht auch ein schlechtes Gewissen. Es geht den Impulsen deshalb im übertragenen Sinn aus dem Weg, indem es sie nicht mehr wahrnimmt und nicht mehr daran denkt. Diese kognitive Vermeidungsreaktion nennt man Verdrängung: Sie reduziert die Angst.

Weil man verdrängte Impulse nicht mehr wahrnimmt und nicht mehr erinnert, kann man natürlich auch nichts darüber berichten oder aussagen. Verdrängte

Impulse sind unbewußt. Das gilt oftmals auch für die Situationen, in denen sie auftreten. Mit der Zeit wird die Verdrängung antizipatorisch vollzogen, also noch bevor ein konflikthaftes Motiv und die entsprechende Angst verspürt werden. Die Verdrängung wird bereits in Gang gesetzt, wenn nur irgendwelche Signalreize auf die mögliche Gefahr hinweisen. Mit der Verdrängung siegen zunächst die Vermeidungsbedürfnisse. Es ist aber anzunehmen, daß die konflikthaften und angstauslösenden Motive durch die Verdrängung nicht völlig ausgeschaltet werden, sondern daß sie weiterhin latent vorhanden sind, daß ein Bedürfnis nach ihrer Befriedigung besteht. Aufgrund dieser Dynamik muß das Individuum oft zu zusätzlichen Maßnahmen greifen, welche die Verdrängung stabilisieren (Reaktionsbildung, Identifikation mit dem Angreifer), oder zu Maßnahmen, die den verdrängten Impulsen zumindest eine Teilbefriedigung verschaffen, welche sozial akzeptabel und deshalb ungefährlich ist (Sublimierung, Verschiebung, Projektion, Rationalisierung, Regression).

Abwehrmechanismen sind normal und alltäglich. Zu einem Problem werden sie, wenn sie im Verhalten dominieren und zu einer durchgehend ungenauen und unrealistischen Wahrnehmung der Welt und der eigenen Person führen. Das mit den Abwehrmechanismen einhergehende Verhalten nennt man Symptom. Symptome als gelernte Vermeidungsreaktionen reduzieren zwar die Angst, lösen aber den zugrundeliegenden Konflikt nicht und erweisen sich langfristig als unangemessen.

b) Verschiedene Formen

Verschiedene Formen von Abwehrmechanismen sollen kurz skizziert werden:

Reaktionsbildung: Ein angstauslösender Impuls wird verdrängt, und man verhält sich auf betonte und übertriebene Weise genau gegenteilig, als ursprünglich intendiert war. Man ist z. B. zu jemand, den man nicht mag, besonders höflich und zuvorkommend.

Identifikation mit dem Angreifer: Aggressive Impulse, die sich gegen einen Angreifer richten, werden verdrängt. Man übernimmt stattdessen die Normen und Einstellungen des Angreifers, um nicht sein Opfer zu werden und um zu dokumentieren, daß man auf seiner Seite steht. So reagieren manchmal Schüler, wenn sie die autoritäre Willkür oder Strenge eines Lehrers gut finden.

Sublimierung: Der angstauslösende Impuls wird in ein akzeptables Verhalten umgesetzt und dabei teilweise befriedigt. So geht man nicht mit dem Messer auf den Kontrahenten los, sondern diskutiert hart und aggressiv mit ihm. Sublimierung ist ein sehr vernünftiger Abwehrmechanismus.

Verschiebung: Ein Verhalten richtet sich nicht an die Person, die gemeint ist, sondern an eine andere, ungefährlichere. So kann man empört sein über die Beleidigungen eines Lehrers, läßt seine Wut darüber aber nicht an diesem Lehrer aus, sondern an einem Referendar, der nicht so viel Macht hat.

Projektion: Man nimmt eigene Schwächen bei sich selbst nicht wahr, achtet aber bei anderen besonders stark darauf. Es kann sein, daß man die eigenen Machtansprüche gar nicht bemerkt, dafür aber laufend anderen Menschen Machtansprüche unterstellt und darauf besonders empfindlich reagiert.

Rationalisierung: Die Motive, die hinter einem Verhalten stehen, mag man sich selbst und anderen gegenüber nicht zugeben. Stattdessen unterstellt man sich selbst bessere und akzeptablere Motive. Das kann z. B. der Fall sein, wenn man behauptet, daß man aus Liebe zum Kind handelt, wenn man es prügelt.

Regression: Man versucht, Konflikten oder Niederlagen aus dem Weg zu gehen, indem man in ein kindlich-unangemessenes Verhalten zurückfällt. Wenn man bemerkt, daß man eine Aufgabe nicht so schafft, wie man das erwartet hat, schmeißt man den ganzen Kram beiseite, beginnt zu weinen und wartet auf Trost.

5. Über den Umgang mit psychologischen Etiketten

Es kann sehr aufschlußreich sein, bestimmte Verhaltensweisen als Abwehrmechanismen zu identifizieren, dahinterstehende Ängste und Konflikte aufzudecken und den Gewinn zu bestimmen, den eine Person durch den Abwehrmechanismus erlangt. Aber man muß vorsichtig sein, wenn man das Verhalten anderer interpretiert und psychologisch etikettiert. Bemerkungen wie: „Du rationalisierst ja ganz schön!" wirken leicht herablassend und verletzend. Es ist für andere Menschen keine Hilfe, wenn man ihnen zu verstehen gibt, daß man sie durchschaut, einordnet und auch den passenden Fachbegriff für ihr Verhalten hat. Solche Etikettierungen rufen fast immer Hilflosigkeit oder Widerstand hervor; selten werden sie mit Dankbarkeit aufgenommen und zu weiteren Einsichten verwertet.

Es ist sinnvoller, andere Menschen darin zu unterstützen, daß sie ihr Verhalten und die dahinterstehenden Motive selbst explorieren. Das geht am besten, wenn man sie nicht unter moralischen Druck oder Handlungsdruck setzt, sondern sie möglichst frei über sich selbst sprechen läßt. Das führt am ehesten zu Erkenntnissen, was die eigenen Motive und Änderungsmöglichkeiten betrifft. Als Gesprächspartner sollte man vor allem aufmerksam zuhören und vorsichtige Zusammenfassungen anbieten. Dabei sind psychologische Fachbegriffe nur dann von Nutzen, wenn sie dem anderen eine Orientierungshilfe und Entlastung bieten, etwa derart, daß er merkt: „Es gibt einen Ausdruck für meinen Konflikt oder für mein Verhalten. Es ist nichts Absonderliches und kommt wohl häufiger vor". Aber das individuelle Problem muß immer Vorrang haben vor der fachlichen Verallgemeinerung. Zugespitzt formuliert: Die Psychologie ist für den Menschen da und soll ihn beschreiben und ihm helfen – die Menschen sind nicht dazu da, der Psychologie Beweise für die Richtigkeit ihrer Aussagen zu liefern.

V. GRUPPE

A. Einführung und Überblick

Die Gruppenpsychologie als ein wichtiger Teil der Sozialpsychologie beschäftigt sich gegenwärtig vor allem unter zwei Gesichtspunkten mit den Auswirkungen der sozialen Umwelt auf den einzelnen Menschen: der Ausbildung überdauernder Verhaltensmuster einerseits und der aktuellen, von sozialen Bedingungen abhängigen Verhaltensveränderung andererseits. Daraus ergeben sich die zwei voneinander relativ unabhängigen Teildisziplinen der empirischen und experimentell gut belegten *Gruppenforschung* und der heute in zahlreichen, wissenschaftlich oft nicht einwandfrei abgesicherten, Spielarten angewandten *Gruppendynamik*.

Die Gruppenforschung, mit der wir uns vor allem beschäftigen wollen, entstand gegen Ende des letzten Jahrhunderts und erlebte um den Zweiten Weltkrieg unter LEWIN (1890 – 1947) und seinem Wissenschaftlerteam in den USA einen ersten Höhepunkt. In dem Vierteljahrhundert zwischen 1950 und 1975 wurde die Gruppenforschung zum wichtigsten Zweig der Sozialpsychologie. Untersucht wurden der Einfluß der Gruppe auf die individuelle Wahrnehmungs- und Arbeitsleistung, auf das Entstehen von Einstellungen und auf das Urteilsvermögen des Individuums, aber auch gruppenspezifische Verhaltensweisen wie Kommunikation, Kooperation und Führungsstil. Ziel war eine Veränderung der Menschen und der Gesellschaft auf der wissenschaftlichen Basis der Gruppenforschung, die auch politische Katastrophen, wie z. B. das Dritte Reich in Deutschland, gar nicht erst entstehen ließe. So sieht 1966 MORENO im Vorwort zur 2. Auflage seines Buches „Die Grundlagen der Soziometrie" (Originaltitel: „Who shall survive?") in der Gruppenforschung die Möglichkeit, die „kleinen, aber vertieften soziometrischen Revolutionen zu fördern, als die eigentliche Hoffnung auf eine lebenswürdige Weltordnung, im Gegensatz und an Stelle der hoffnungslosen ‚großen' Revolutionen der letzten drei Jahrhunderte . . ."

Die so hoch gespannten Erwartungen konnte die Gruppenforschung nicht einlösen. Dies führte dazu, daß Ende der sechziger Jahre sich die angewandte *Gruppendynamik* in den Vordergrund auch des wisssenschaftlichen Interesses schob. Durch mehr oder weniger planmäßig aufgebaute und durchgeführte Gruppenprozesse wird versucht, das Verhalten oder die Einstellungen der teilnehmenden Personen dauerhaft zu verändern. Ohne Zweifel treten während der gruppendynamischen Sitzungen große, oft auch überraschende Verhaltensänderungen auf; problematisch bleibt, ob und inwiefern sie sich in wirklichen Lebenssituationen als stabil erweisen. Auch sind die heute auf sogenannten Psychotagungen weit verbreiteten und häufig wenig sachverständig angeleiteten gruppendynamischen Experimente nicht immer ungefährlich.

Das vorliegende Kapitel will zunächst einen Überblick über die Merkmale und die Entstehung von Gruppen geben, bevor es sich den Fragenkreisen um „Gruppe und Rolle" und um „Werte und Normen" zuwendet. Kommunikation und Interaktion erklären dann die Prozesse, die zum Verständnis von Gruppenstrukturen und Gruppenführung notwendig sind. Schließlich soll durch das Herausstellen spezifischer Gruppenleistungen geklärt werden, wann und wo das Arbeiten in Lerngruppen Schülern besonders gut weiterhelfen kann.

B. Definition und Arten

1. Gruppenmerkmale

Für den sozialpsychologischen Begriff der Gruppe sind die wechselseitigen Erwartungen der Mitglieder untereinander konstituierend: Als Mitglied der Gruppe glaube ich sicher zu sein, wie die anderen Mitglieder mich sehen; ich selbst habe mir eine genaue Vorstellung aller anderen erworben; gleichzeitig weiß ich aber auch, daß alle anderen über diese Dinge Bescheid wissen oder wenigstens feste Vermutungen darüber haben. So wird das Verhalten der Individuen in der Gruppe von solchen Hypothesen auf verschiedenen Ebenen gesteuert. Neben dem genannten Hauptmerkmal der Interdependenz, durch das gleichzeitig die Zahl der Mitglieder auf 8 bis 12 beschränkt ist, gibt es eine Reihe weiterer Merkmale, die für eine sozialpsychologische Gruppe von Bedeutung sind:

- Interaktionen und gefühlsmäßige Wechselbeziehungen aller Mitglieder untereinander
- Strukturierung durch allgemein anerkannte Positionen und Rollen zur Organisation von Abläufen innerhalb der Gruppe
- Gruppenziel und gemeinsame Normen auf gruppenrelevantem Gebiet
- Zusammengehörigkeitsgefühl im Sinne von Gruppenbewußtsein als Identifikation der Mitglieder mit der Gruppe und als einheitliches Verhalten gegenüber der Außenwelt
- Relative Dauer der Gruppenzugehörigkeit und Erleben von Kontinuität durch Traditionen und Gewohnheiten.

Kein brauchbares Merkmal der sozialpsychologischen Gruppe ist die sogenannte „Gruppenseele", auch wenn man häufig feststellen kann, daß Gruppen ihren

Definition und Arten 115

Charakter über lange Zeit und trotz Mitgliederwechsel bewahren. Damit würde der Gruppe eine Eigenschaft zugeschrieben, die sie nicht haben kann, weil sie als Person nicht existiert, sondern lediglich als Summe ihrer Mitglieder. Diese bewirken durch ihr aufeinander bezogenes Verhalten in Vorstellungen, Hoffnungen, Konflikten einen dynamischen, affektiv und kognitiv gesteuerten Prozeß, der vom Außenstehenden ganzheitlich wahrgenommen und als typisch für diese Gruppe gesehen wird (z. B. Mitglieder einer Jugendbande, Schüler einer bestimmten Klasse).

2. Gruppeneinteilung

Der Versuch, die vielen sozialpsychologischen Gruppen systematisch einzuteilen, ist schwierig, weil sich nur selten eindeutige Zuordnungen treffen lassen. In der Regel unterscheidet man zunächst die *Primärgruppen* (Familie, Großfamilie, Nachbarschaft), zu denen jeder seit seiner Kindheit gehört und denen er lebenslang verhaftet bleibt, von *Sekundärgruppen,* denen man sich erst später und häufig auch nur vorübergehend anschließt (Schulkameraden, Kollegen). Sekundärgruppen werden ihrerseits in formelle und informelle Gruppen aufgeteilt. *Formelle Gruppen* entstehen durch äußere Bedingungen: Eine Schulklasse wird neu gebildet, im Studium arbeiten verschiedene Studenten im gleichen Labor, eine Betriebsabteilung wird geschaffen. Es gibt keine formelle Gruppe, die nicht im Lauf der Zeit zur informellen oder zu mehreren informellen würde. Die *informelle Gruppe* (Clique innerhalb der Klasse, Freundeskreis) beruht vor allem auf den gefühlsmäßigen Beziehungen der Mitglieder untereinander. Besteht die informelle Gruppe aus nur zwei Mitgliedern, so nennt man sie *Dyade* (Ehe, Zweierbeziehung, Freundespaar). In ihr werden die wechselseitigen Erwartungen und Hoffnungen, die Abhängigkeit des einen von Entscheidungen, von Gefühlen des anderen besonders deutlich. Wird die eigene Gruppe von den Mitgliedern selbst positiv wahrgenommen, so spricht man von einer *Wir-Gruppe* (Ingroup), wogegen die anderen, die der eigenen Gruppe nicht angehören, als *Die-Gruppe* oder Outgroup eher negativ bewertet werden. Schließlich spricht man von einer *Bezugsgruppe,* wenn ein Individuum sich an den Eigenarten und Erwartungen dieser Gruppe mißt.

3. Abgrenzungen

Für eine Abgrenzung der sozialpsychologischen Gruppe gegenüber anderen Zusammenschlüssen von Menschen im Plural hat HOFSTÄTTER eine recht anschauliche Klassifizierung (Abb. 30) gegeben, in der die *Familie* als gewachsene oder natürliche Gruppierung von altersverschiedenen Menschen beiderlei Geschlechts eine Sonderstellung einnimmt.

Abb. 30: Klassifikation

Unter einer *Menge* versteht er eine Anzahl von Menschen, die zufällig zu einem bestimmten Zeitpunkt irgendwo beisammen ist, z. B. in der Bahnhofshalle oder im Supermarkt. Eine solche lose Ansammlung ist nicht stabil; sie löst sich entweder auf, oder sie wird zur psychologischen Gruppe oder zur Masse. Die Merkmale der psychologischen Gruppen wurden bereits genannt. Eine *Masse* als eine große Zahl von Menschen auf engem Raum ist einseitig und einheitlich gefühlsmäßig auf ein bestimmtes Ziel ausgerichtet. Ihr fehlt die von der Gruppe bekannte Binnenstruktur völlig. Immer, wenn es irgendwo zur Panik kommt (z. B. bei einer Brandkatastrophe in einer Disco) oder wenn Musiker oder Redner frenetisch umjubelt werden (z. B. die Beatles in ihren Konzerten oder Goebbels im Sportpalast bei seiner Rede zum „totalen Krieg"), handelt es sich um Massenphänomene, die auch von den Beteiligten hinterher kaum mehr nachvollzogen werden können. Unter *Klasse* verstehen wir eine Anzahl von Menschen, die durch ein bestimmtes Merkmal gekennzeichnet sind: Frauen, Männer, Brillenträger, Mercedesfahrer usw. Auch die in der Soziologie übliche Zuweisung zu einer sozialen Schicht nach bestimmten Kriterien (z. B. Einkommenshöhe, Schulbildung, Beruf) ist eine Einordnung in eine Klasse, ebenso das Festlegen einer Stichprobe für eine bestimmte wissenschaftliche Untersuchung. Während eine Klasse alle möglichen Individuen mit einem bestimmten Merkmal umfaßt, ohne daß diese im einzelnen bekannt zu sein brauchen, haben sich im *Verband* einige von ihnen zusammengeschlossen, meist um ein gemeinsames Ziel zu verfolgen, z. B. in den Gewerkschaften, in einem Fußballverein oder in einer Jugendgruppe.

C. Entstehung von Gruppen

1. Die Ausgangssituation

Stellen Sie sich vor, wie Sie nach der Wahl des Grundkurses Psychologie zum ersten Mal im Klassenzimmer beieinander saßen und auf den Ihnen vielleicht bisher unbekannten Lehrer warteten. Das Bild, das Sie sich machten, könnte dadurch verfälscht sein, daß Sie sich untereinander schon vorher recht gut gekannt haben; wählen Sie dann für Ihre Vorstellungen eine andere Situation, in der Sie selbst erlebt haben, wie eine Anzahl von Menschen, die sich bisher kaum oder gar nicht kannten, zusammenkamen, um ein gemeinsames Ziel zu verfolgen: Die Gründung einer Jugendgruppe oder eines Tanzzirkels oder das Entstehen einer Bürgerinitiative könnten Beispiele dafür sein. Sie sitzen also mit anderen, Ihnen fremden Personen in einem Raum und haben nur vage Vorstellungen darüber, was jetzt geschehen soll. Sie sehen sich gegenüber zwei Teilnehmer, die sich offensichtlich bereits gut unterhalten, ein anderer schaut angestrengt zum Fenster hinaus; Ihre Nachbarin duftet angenehm nach Parfüm, dessen Marke Sie vergeblich zu erraten versuchen. Weitere Teilnehmer kommen dazu: eine abgehetzt wirkende junge Frau, ein durch seine Größe auffallender Mann, der auf alle herabzuschauen scheint. Die Sitzung wird eröffnet; man stellt sich gegenseitig vor und entwickelt erste Pläne für das weitere Vorgehen. Auf Vorschlag eines offenbar in solchen Dingen Erfahrenen werden Kleingruppen von je drei bis fünf Personen gebildet, in denen die wichtigsten Probleme durchdiskutiert werden sollen. Als man zwei Stunden später nach kurzen Berichten aus den Gruppen auseinandergeht, haben alle das Gefühl, einander schon ein bißchen besser zu kennen; die anfänglich empfundene Fremdheit ist geschwunden; man weiß sich in etwa unter Gleichgesinnten.

2. Die Phasen der Gruppenbildung

Was wir oben beschrieben haben und leicht fortsetzen könnten, ist der Beginn der Gruppenbildung. Die durch äußere Gegebenheiten an einem Ort zu einer bestimmten Zeit versammelte Menge ist im Begriff, sich zur sozialpsychologischen Gruppe zu formieren. Eines der üblichen Modelle (TUCKMAN 1965) beschreibt diesen Prozeß in vier Phasen: Formierung, Konflikt, Normierung und Arbeit.

In der im obigen Beispiel angedeuteten *Formierungsphase* wird die Gesamtsituation von den einzelnen geprüft und nach dem jeweils angemessenen eigenen Verhalten gesucht. Die Aufgaben und Ziele werden in etwa abgesteckt, die eingebrachten Standpunkte aufgelockert, gemeinsame Methoden und Regeln ein erstes Mal ausprobiert. Im Hinterkopf aber lauert die Angst vor der Abhängigkeit von anderen oder vor einem Führer, und der Gedanke an eine mögliche Flucht ist wach.

Auf die Formierungsphase folgt die *Konfliktphase*, in der sachliche Meinungsverschiedenheiten innerhalb der Gruppe ausgetragen werden, häufig allerdings auf einem recht persönlichen und emotionalen Hintergrund. Man wehrt sich gegen bestimmte Anforderungen, versucht die Grenzen des Möglichen auszutesten, rebelliert gegen angemaßte Führerschaft. Die oft illusionäre Harmonie der Formierungsphase weicht dem Konflikt um die gegenseitige Kontrolle und um das richtige Maß an Intimität.

Übersteht die Gruppe diese Zerreißprobe, so tritt sie eher nüchtern in die *Normierungsphase* ein, wo es gilt, eine von allen getragene Lösung der aufgetretenen

Probleme zu finden und diese zu verfestigen. Der Gruppenzusammenhalt wird zusehends größer, das Gruppengefühl sicherer. Man kann jetzt offen miteinander über Meinungen und Gefühle sprechen, die der anderen verstehen und akzeptieren, sich gegenseitig im Sinne des Gruppenziels helfen und sich unterstützen. Gruppennormen, von allen akzeptiert und beachtet, erleichtern den Umgang miteinander; echte Kommunikation und Kooperation zwischen den Gruppenmitgliedern wird möglich.

Die *Arbeitsphase* als letztes Glied bei der Enstehung von Gruppen kann beginnen. Alle Mitglieder sind bereit zu produktiver und effektiver Arbeit. Die Rollen sind funktional verteilt; man strengt sich an, in flexibler Kooperation das gemeinsame Problem zu lösen, ungehindert von zwischenmenschlichen Querelen. Die Beziehungen untereinander stehen ganz im Dienste der übernommenen Aufgabe.

Diese Phasen der Gruppenbildung kann man bei vielen Gelegenheiten mehr oder weniger deutlich beobachten, so, wenn eine Schulklasse neu zusammengewürfelt wird, etwa beim Übergang ins Gymnasium, oder wenn Jungen und Mädchen aus der Nachbarschaft sich zu einer Clique zusammenschließen, wenn im Sportverein eine neue Abteilung gegründet wird oder wenn durch betriebliche Neuorganisation bisherige Zugehörigkeiten auseinandergerissen werden, auch wenn Studenten zur Vorbereitung ihres Staatsexamens Arbeitsgruppen bilden oder wenn eine Gruppe von Schülern nach dem Abitur für mehrere Wochen auf gemeinsame große Fahrt geht.

3. Bedingungen des Gruppengeschehens

Das Gruppengeschehen in den einzelnen Phasen wird im wesentlichen von drei wichtigen Bedingungen bestimmt: von den Aktivitäten auf ein bestimmtes Ziel hin, von den sachgeleiteten Kontakten zwischen den Mitgliedern und von der Sympathie, die sie füreinander empfinden.

In der Gruppe wird ein bestimmtes Verhalten, von einem einzelnen eingebracht, von den anderen wahrgenommen und bewertet. Entspricht es den Zielvorstellungen der anderen, so löst es bei ihnen auch *Aktivitäten* aus. Diese beziehen sich auf sachliche Gegebenheiten der Umwelt und schließen gleichzeitig alle Beteiligten als Personen mit ein. Die Klärung der Beziehungen zwischen den Mitgliedern wird damit zum ersten und wichtigsten Ziel der Gruppe.

Die damit etablierten *Kontakte* stellen ein wichtiges Mittel zur sachlichen Zielerreichung dar. Man anerkennt die Sachkompetenz des einen oder die sozioemotionale Kompetenz des anderen, man ordnet sich freiwillig dem mit den bewährten Führungsqualitäten unter und löst so in optimaler Arbeitsteilung die gestellten Aufgaben.

Nicht zuletzt hängt das, was jeder einzelne dazu beitragen kann, von der *Sympathie* ab, die er in seiner Gruppe spürt. Man nennt diese Zusammenhänge die affektive Binnenstruktur einer Gruppe. Sie prägt den Zusammenhalt, vermittelt den Mitgliedern ein Wir-Gefühl, ist aber auch verantwortlich für Polarisierungen, die Außenseiter oder gar Feinde schaffen.

Die drei Bedingungen von Aktivität, Kontakt und Sympathie sind, wie leicht einzusehen ist, nicht voneinander unabhängig; sie üben eine starke Wechselwirkung aufeinander aus. So besagt die HOMANSsche Regel, daß verstärkter Kontakt zu größerer Sympathie und umgekehrt größere Sympathie zu häufigerem Kontakt führt. Leuchtet dieser Zusammenhang auf den ersten Blick ohne weiteres ein, so haben doch entsprechende Untersuchungen nur eine partielle Bestätigung erbracht. Erhöhter Kontakt führt zu einer schnelleren Klärung von Sympathie-Antipathie-Beziehungen, selbstverständlich abhängig von den jeweiligen Rahmenbedingungen. Immerhin: Hatte man früher zwei beinahe Unbekannte miteinander verheiratet, so pflegte man zu sagen, daß im Laufe der Zeit die Liebe sich von allein einstellen würde, während man heute eher dazu neigt, in einer Probe-Ehe die Sympathie-Antipathie-Beziehungen rechtzeitig auszuloten. Auch zu den Wechselwirkungen Sympathie-Aktivität (wie bei der „Aktion Sühnezeichen", in der seit dem Ende des letzten Weltkrieges deutsche Jugendliche mit Jugendlichen anderer, im Krieg von den Deutschen besetzter Länder über Wochen und Monate zusammenarbeiten, um z. B. einen Soldatenfriedhof neu zu gestalten und anschließend zu pflegen) und zu den Wechselwirkungen Aktivität-Kontakt gibt es zahlreiche interessante Untersuchungen, die – wie zu erwarten – allerdings nie einfache Wenn-Dann-Bezüge bestätigen.

Zur Klärung sei zum Schluß dieses Abschnitts noch einmal darauf verwiesen, daß alle beschriebenen Gruppenphänomene nichts anderes sind als dynamische Prozesse zwischen den Mitgliedern der Gruppe. Durch wechselseitige Wahrnehmung des eigenen und des fremden Verhaltens entsteht für jedes Gruppenmitglied die individuell verarbeitete sozialpsychologische Wirklichkeit „Gruppe". Ein originärer, eigenständiger, von den Individuen abstrahierter Prozeß im Sinne einer „Gruppenseele" existiert nicht.

D. Gruppe und Rolle

1. Die soziale Rolle

Hat sich eine Gruppe einmal konstituiert, so nimmt jedes Mitglied innerhalb der Gruppe eine bestimmte soziale Position ein, zu der mehr oder weniger festgelegte Funktionen im Sinne von Aufgaben und Pflichten, aber auch von Rechten oder gar von Vorrechten gehören. Solche spezifischen Verhaltensweisen werden sowohl von dem Inhaber der Position als auch von den übrigen Gruppenmitgliedern voll gebilligt und anerkannt. Damit ist die soziale Rolle eines Individuums in der Gruppe beschrieben als die Gesamtheit von Verhaltensweisen, die mit der Position in der Gruppe verknüpft sind. HARTLEY (1969) definiert ausführlicher die soziale Rolle als die strukturierte Gesamtheit aller Erwartungen, die sich auf die Aufgaben, das Benehmen, die Gesinnungen, die Werte und die wechselseitigen Beziehungen einer Person richten, die eine spezifische Gruppenposition innehat und in der Gruppe eine bestimmte Funktion erfüllen muß. Stärker als in unserer vorläufigen Beschreibung wird in dieser Definition der sozialen Rolle deutlich, daß sie mehr durch das geprägt wird, was die anderen Gruppenmitglieder von ihrem Träger erwarten, als durch dessen tatsächliches Verhalten, das nur zeigt, in welchem Maße er seine Rolle ausfüllt. Verdeutlichen wir uns diesen Zusammenhang am Beispiel des sogenannten Klassenkaspers, also eines Schülers, der zur Freude seiner Kameraden den Unterricht immer wieder stört und alle, oft auch den Lehrer, zum Lachen bringt. Die Mitglieder erwarten vom Klassenkasper irgendwelche Streiche. Jedesmal, wenn er etwas anstellt, erfährt er Zuwendung und wird so in seinem Verhalten verstärkt. Achtung und Anerkennung sind ihm sicher, wohingegen seine Bemühungen, im Unterricht ernsthaft mitzuarbeiten, gar nicht registriert werden. Schließlich akzeptiert er die von ihm erwartete Rolle und versucht, sie so gut es geht auszufüllen.

2. Rangordnung

In jeder sozialpsychologischen Gruppe ergeben Prestige und Ansehen der einzelnen Mitglieder eine Rangordnung, durch die die Individuen einander hierarchisch über- oder untergeordnet sind. Diese von allen Beteiligten anerkannte und beachtete sogenannte *Hackordnung* ist auf dem Hühnerhof angeblich besonders gut zu beobachten. Wenn dort das Futter knapp ist, frißt sich zunächst der Hahn satt und verhindert durch Hacken mit dem Schnabel, daß irgendein anderes Federvieh sich an seinem Mahl beteiligt. Ist er satt, so beginnt die ranghöchste Henne zu fressen; bezogen auf den übrigen Hühnerhof, verhält sie sich genau so wie vorher der Hahn ihr gegenüber. Gibt es zu wenig Futter, bekommen die rangniedrigsten Tiere, meist Junghähnchen oder altersschwache Hühner, nichts mehr zu fressen. Anders als auf dem Hühnerhof, der ja eingezäunt ist, könnte bei sozialpsychologischen Gruppen eine solche einfache Hierarchie bewirken, daß die jeweils benachteiligten Mitglieder aus der Gruppe wegblieben, was zu dauernden Veränderungen im Gruppengefüge führen würde.

Genau das Gegenteil ist aber zu beobachten: Sozialpsychologische Gruppen sind in sich sehr stabil und haben eine ausgeprägte und relativ feste *Gruppenstruktur*. Dies kommt dadurch zustande, daß sich in der Gruppe zwei, meistens mehr Rangordnungen überlagern und somit jedes Mitglied mehr als eine gruppenspezifische Rolle übernimmt. Wenn sich eine Anzahl von Jungen zu einer Gruppe zusammenschließt, um gemeinsam zu kicken, so überlagert sich dort der Tüchtigkeitsrang und der Beliebtheitsrang eines einzelnen zu einer festen Gruppenstruktur. Während der Tüchtigkeitsrang durch Funktionen (z. B. Stürmer), Ziele (z. B. Tore schießen) und Normen (z. B. Fairneß) bestimmt wird, ist der Beliebtheitsrang abhängig von der integrativen Kraft des einzelnen Mitglieds, die den Zusammenhalt fördert, und von seiner Fähigkeit, durch ein entsprechendes Wort eine affektiv schwierige Situation zu bereinigen (Atmosphäre). Der Tüchtigste wird selten auch gleichzeitig der Beliebteste sein, der am wenigsten Tüchtige nie auch der Unbeliebteste. So werden allen Mitgliedern hinsichtlich ihrer Rolle in der Gruppe ganz bestimmte Erwartungen, sowohl bezogen auf Tüchtigkeit als auch bezogen auf Beliebtheit, entgegengebracht, und sie müssen versuchen, diese zu erfüllen. Labil kann die sogenannte Gruppenstruktur durch das Ausscheiden eines bisherigen oder das Hinzukommen eines neuen Mitgliedes werden, auch durch Veränderungen in der Zielsetzung der Gruppe. Dann wird es nämlich notwendig, die Rollen mehr oder weniger neu zu definieren, und jeder einzelne muß prüfen, ob er in der Lage ist, sie so zu akzeptieren.

3. Rolle und sozialer Status

Jeder Mensch durchläuft in verschiedenen Gruppen während seines Lebens eine Reihe von *Rollen,* die mit seiner Stellung in diesen Gruppen zusammenhängen. Selbst in einfachen Kulturen gibt es dafür verschiedene Möglichkeiten: Alter und Geschlecht (z. B. Kind, Mann, Frau), Familie, Beruf, persönliches Prestige (Bildung, Geld) und Mitgliedschaft in Interessengruppen (z. B. Gewerkschaften, Religionsgemeinschaften). Ein Teil dieser Rollen ist eher naturbedingt (z. B. Kindrolle, Geschlechtsrolle) oder gesellschaftlich genau definiert, d. h. durch eindeutige Verhaltenserwartungen festgelegt (z. B. Mutter, Arzt, Richter), ein anderer Teil ist eher unklar, das Verhalten des Rollenträgers ist nicht genau beschrieben (z. B. Hauseigentümer, Privatgelehrter, Jugendlicher).

Je offener eine Rolle sich darstellt, um so mehr hängt sie vom *sozialen Status* des einzelnen innerhalb seiner Gruppe ab. Die Determinanten für den Status sind vielfältig. Jede Gruppe hat ihr eigenes Statussystem, das sich aber immer mehr oder weniger auf Eigenschaften oder Fähigkeiten der Mitglieder bezieht. So kann Statussymbol für den Geschäftsmann sein Mercedes sein, für eine reiche Frau ihr Schmuck, für ein junges Mädchen seine Schönheit, für einen Jungen seine körperliche Überlegenheit oder für einen Wissenschaftler seine akademischen Grade, aber auch Geschicklichkeit beim Einbrechen für einen Dieb oder die Zahl der erledigten Gegner für einen Westernhelden. Im Rahmen eines Statussystems können auch Variationen auftreten, je nachdem, welche verschiedenen Situationen die Gruppe bewältigen muß. In der Schulklasse gibt es nebeneinander formelle und informelle Statusdeterminanten, die sich wiederum auf Leistung und Beliebtheit beziehen. Formell hängt der Status eines Schülers von den erreichten Schulnoten und seinem Wohlverhalten in Schule und Unterricht ab, informell z. B. von seiner Fähigkeit, Lehrer zu beschwatzen oder dufte Feste zu organisieren, von dem Grad an Unabhängigkeit gegenüber Erwachsenen, den er schon erworben hat, oder von seinem Können als Programmierer, das ihm entsprechende Einkünfte sichert.

4. Rollenerwartung – Rolleninterpretation – Rollendistanzierung

An jede Rolle werden nicht nur von der Gruppe bestimmte Erwartungen geknüpft; sie unterliegt auch der Interpretation durch den Rollenträger. Allerdings ist der Handlungsspielraum je nach Art der Rolle verschieden groß. So zeigen Menschen in vielen Bereichen ein Verhalten, das genau den Erwartungen entspricht und das man rollenkonform nennt. Man spricht dann von vorbildlichen Hausfrauen, Vätern, Lehrern, Ärzten usw. und weist auf sie als Maßstab für eigenes Handeln hin. In diesen Fällen ist die Rolle durch soziale *Vollzugsnormen* bestimmt, bei denen die erlaubte oder sich selbst zugestandene Handlungsfreiheit minimal ist. Schon größer ist der mögliche Eigenanteil bei Rollen, die durch *Qualitätsnormen* festgelegt sind. Maßgebend ist dabei die besondere Qualität der erledigten Arbeit; wird diese erreicht, so sehen die übrigen Gruppenmitglieder keine Notwendigkeit, darüber hinaus allzu sehr auf genaue Einhaltung der restlichen Normen zu drängen. Einem guten Schüler zum Beispiel wird man nicht allzu enge Vorschriften für sein schulisches Verhalten machen, solange er seinen bisherigen Stand hält oder gar verbessert. Schließlich überwiegen in Rollen, denen *Gestaltungsnormen* zugrundeliegen, die Handlungsspielräume deutlich das genau vorgeschriebene Verhalten. Vom Rollenträger wird erwartet, daß er seine Rolle gemäß den jeweiligen äußeren Umständen mit Phantasie und Mut selbst gestaltet. Dies gilt z. B. für den Anführer einer Gruppe von gleichaltrigen Jugendlichen.

In den meisten tatsächlichen Rollen sind die genannten Bezugsnormen ineinander verschränkt und erlauben so einen gewissen Anteil an Eigenleistungen. Dies gilt für alle schon genannten Rollen als Schüler, Führer, Hausfrau, Vater, Lehrer oder Arzt und viele andere mehr. Diese Aufzählung macht aber auch deutlich, daß die Handlungsspielräume ihrerseits wieder nicht beliebig sind, sondern daß sie an sozial definierte und vermittelte Grenzen stoßen: Ein Arzt ist zur Hilfeleistung verpflichtet, ein Lehrer muß den Schülern gegenüber gerecht sein, eine Mutter darf ihr Kind nicht prügeln. Rollen werden einem Individuum entweder zugeschrieben (Mann, Frau, Kind), oder sie werden durch bestimmte Qualifikationen von diesem erworben (Richter, Arzt).

Personen, die den Erwartungen an ihre Rolle einerseits entsprechen wollen, andererseits aber Schwierigkeiten haben, sich mit ihr zu identifizieren, wählen als Ausweg häufig eine Form der *Rollendistanzierung*. Man versucht also, den Handlungserwartungen zu entsprechen, ironisiert aber z. B. gleichzeitig das eigene Tun. Man kann auch das eigene Handeln übertreiben und damit die Rolle überbetonen oder andeuten, daß alles nicht so ernst gemeint sei. Jemand geht dadurch in die innere Emigration, daß er zwar äußerlich die Handlungserwartungen erfüllt, innerlich sich aber von allem weitgehend distanziert. Nicht zuletzt kann die Rollendistanzierung bis ins Krankhafte gesteigert werden, indem ein Individuum sich aus seiner Rolle in eine Welt des Traumes oder der Phantasie flüchtet.

5. Rollenkonflikte

Die Rollendistanzierung könnte ein erster Hinweis auf einen sich anbahnenden Rollenkonflikt sein. Rollenkonflikte entstehen, wenn Rollen unklar definiert sind oder wenn es dem Individuum nicht gelingt, sich mit den an die Rolle geknüpften Verhaltenserwartungen zu identifizieren. Man unterscheidet Intrarollenkonflikte als widersprüchliche Erwartungen innerhalb einer Rolle und Interrollenkonflikte, die sich zwischen verschiedenen Rollen ein- und derselben Person auftun. Ein *Intrarollenkonflikt* liegt z. B. vor, wenn ein Lehrer einerseits sich verpflichtet fühlt, nach Lehrplan zu unterrichten, er andererseits aber überzeugt ist, daß es für die Persönlichkeitsbildung seiner Schüler viel wichtiger wäre, über ein aktuelles – im Lehrplan nicht vorgesehenes – Thema ausführlich zu sprechen. Der derzeit wohl am häufigsten beschriebene *Interrollenkonflikt* ist der der Frau, die ihre Rollen als emanzipierte Frau, als Ehefrau, als Mutter, als Hausfrau und als berufstätige Frau nicht unter einen Hut bringen kann.

Die Lösung von Rollenkonflikten wird durch eine größere Freiheit der Interpretation sowohl erleichtert als erschwert. Erleichtert insofern, als innerhalb eines weiten Spektrums, das von der Gruppe noch akzeptiert wird, Verhaltensmöglichkeiten gefunden werden können, die sowohl die Erwartungen der anderen abdecken als auch die eigenen Bedürfnisse befriedigen. Die Rolle als Hausfrau im obigen Beispiel kann dadurch, daß die übrigen im Haushalt lebenden Personen Teilaufgaben übernehmen, so weit zurückgenommen werden, daß genügend Raum für die angestrebten und erwünschten beruflichen Verpflichtungen bleibt. Erschwert wird die Situation durch den Zwang zur persönlich verantworteten Interpretation der eigenen Rolle. Bleiben wir beim genannten Beispiel: Solange es für ein Mädchen klar war, daß es eines Tages die Rollen der Hausfrau und der Mutter, beide verbunden mit sehr genauen Verhaltenserwartungen, die auch von niemand bezweifelt wurden, übernehmen würde, brauchte es sich um die Ausgestaltung seines zukünftigen Lebens keine Gedanken zu machen, Rollenkonflikte nicht zu befürchten.

Eine wichtige Aufgabe des Sozialisationsprozesses in den verschiedenen Gruppierungen besteht demnach darin, junge Menschen mit den Qualifikationen auszustatten, die notwendig sind, um innerhalb der angemuteten Rollen erfolgreich zu handeln, um Rollen entsprechend den eigenen Überzeugungen zu interpretieren und um Rollenkonflikte ertragen und auch lösen zu können.

E. Werte und Normen

1. Arten

In unserer Gesellschaft insgesamt und in jeder Gruppierung in ihr gibt es bestimmte Verhaltensregeln, die das Zusammenleben bestimmen. Sie sind einander über- und untergeordnet und werden in formellen Großgruppen Gesetze, Sitten oder Bräuche, in informellen Kleingruppen Normen oder Regeln genannt.

Normen einer informellen Gruppe, meist ungeschrieben und nicht besonders eindeutig formuliert, dienen der Erleichterung der Zusammenarbeit in der Gruppe und damit dem Gruppenziel; sie fördern den Zusammenhalt durch die Reduzierung von Konflikten und lassen die Mitglieder, deren Verhalten für jeden einzelnen durchsichtig und prognostizierbar wird, zu einer Einheit zusammenwachsen. Es gibt Normen, die nur für bestimmte Postitionen innerhalb der Gruppe gelten (z. B. für den Klassenkasper), und generelle Normen, die für alle Mitglieder verbindlich sind (z. B.: „Du darfst nicht petzen") und die das Maß an *Solidarität* bestimmen, das eine Gruppe für notwendig erachtet. Die Normen geben in der Regel nicht ein bestimmtes erwünschtes Verhalten vor, sondern sie beschreiben eher einen Verhaltensbereich, der von der Gruppe noch akzeptiert wird.

Die Toleranzgrenze ist für Handlungen auf gruppenrelevantem Gebiet eher eng gezogen, insbesondere dann, wenn sich die Gruppe bedroht fühlt; sie ist eher weit, wenn dem Verhalten eine geringe Bedeutung für die Gruppe zugemessen wird. Sie hängt aber auch vom Status des einzelnen Mitglieds ab; je geringer dieser ist, um so weniger kann es sich bestimmte Normverletzungen leisten.

2. Internalisierung

Im Laufe der Zeit erwachsen aus Gruppennormen eigene Anschauungen und Meinungen der Mitglieder; man spricht von Internalisierung der Normen durch das Individuum. Die so erworbenen und zum Teil der eigenen Persönlichkeit gewordenen Wertekonzepte werden sowohl innerhalb als auch außerhalb der Gruppe angewendet.

Bei den Untersuchungen von MAYO (1945) in den Hawthorne Western Electric Werken wurden für eine Arbeitsgruppe die Arbeitsbedingungen verschiedentlich verändert und die Veränderungen zuvor mit den Mitgliedern der Gruppe besprochen. So führten die Verbesserung der Beleuchtungsverhältnisse, die Vergrößerung der Pausen, das Angebot von Mahlzeiten während der Pausen, die Verkürzung der täglichen Arbeitszeit und Veränderungen im Arbeitsablauf und an den Arbeitsplätzen jeweils zu Leistungssteigerungen, verglichen mit einer Kontrollgruppe, die dieselben Aufgaben zu erledigen hatte, ohne daß die Arbeitsbedingungen verändert wurden. Zum großen Erstaunen der begleitenden Wissenschaftler blieb der erreichte hohe Leistungsstandard der Versuchsgruppe auch dann noch erhalten, als am Ende der Versuchsphase alle Verbesserungen rückgängig gemacht wurden und die Arbeitsverhältnisse wieder genau denen der Kontrollgruppe glichen.

Für unseren Zusammenhang interessiert vor allem, daß das Wertekonzept der Versuchsgruppe hauptsächlich von Solidarität bestimmt war: Die Mitglieder schützten sich vor überhöhtem Arbeitsdruck durch das Festlegen einer angemessenen Arbeitsleistung, die von niemand wesentlich über- oder unterschritten werden durfte. Sie legten von sich aus einen bestimmten Qualitätsstandard für die geleistete Arbeit fest. Das Weitergeben von Informationen nach außen, „Radfahren" bei der Betriebsleitung und Angeberei vor den anderen Mitgliedern der Arbeitsgruppe waren verpönt. Damit wird deutlich, daß Wertekonzepte in Gruppen das Erreichen der Gruppenziele sichern helfen, wenn vielleicht auch eine Nivellierung der Leistungen der einzelnen damit verbunden ist. Sie fördern den Zusammenhalt der Gruppe durch Abgrenzungen nach außen und durch den Abbau von Konfliktpotential nach innen.

Treffen für die einzelne Person zwei verschiedene Wertsysteme aufeinander, von denen das eine sich aus Normen der formellen Gruppe (im Beispiel: offizielle Vorschriften des Betriebs) rekrutiert, das andere der informellen Gruppe entstammt, so erweisen sich die informellen Normen meist als stärker. So wird ein Lehrer feststellen, daß ein Schüler, mit dem er ein Einzelgespräch über dessen unmögliches Verhalten im Unterricht geführt hat, sich durchaus einsichtig zeigt und Besserung gelobt (Regeln des formellen Systems). Schon in der nächsten Stunde benimmt sich aber der Schüler unter dem Erwartungsdruck seiner Kameraden wie immer (Regeln des informellen Systems), was dann der Lehrer als besonders schwerwiegenden Vertrauensbruch empfindet.

3. Soziale Kontrolle

Damit wird aber schon etwas weiteres deutlich: Die Gruppe erwartet von jedem ihrer Mitglieder nicht nur ein Verhalten, das sich an ihren Normen mehr oder weniger genau orientiert; sie erzwingt es darüber hinaus geradezu, indem sie erwartungsgemäßes Verhalten belohnt und erwartungswidriges Verhalten unterbindet. Die soziale Kontrolle durch die Gruppierungen, in denen ein Mensch heranwächst und in denen er sich aktuell befindet, hat eine fundamentale pädagogische Bedeutung. Im Prinzip bleiben ihm vier Möglichkeiten, auf diese sozialen Kontrollen zu reagieren: Er kann sich anpassen; er kann versuchen, die Normen zu verändern; er kann als Abweichler in einer Randstellung der Gruppe toleriert werden; er muß aus der Gruppe ausscheiden. Diese Möglichkeiten lassen sich am Beispiel von Jugendlichen gut veranschaulichen, deren Verhalten natürlich durch entwicklungspsychologische Faktoren beeinflußt wird, von denen in diesem Zeitraum die Eltern-Kind-Beziehung auch mit abhängt. Der eine Jugendliche übernimmt die Ansichten seiner Eltern und verhält sich in jeder Beziehung so, wie diese es von ihm erwarten. Ein zweiter versucht mit Erfolg, seine Eltern davon zu überzeugen, daß es ein alter Zopf und ihrer nicht würdig sei, ihm zu verbieten, daß seine Freundin bei ihm im Zimmer übernachtet. Ein dritter lebt, kleidet und frisiert sich wie ein Punker; seine Eltern können es nicht fassen, ihn aber auch nicht anders beeinflussen; sie sehen sich machtlos, gestehen ihm aber letzten Endes zu, auf seine Façon in ihrer Umgebung zu leben. Der vierte verläßt wegen grundsätzlicher Meinungsverschiedenheiten die elterliche Wohnung, oder er wird aus dieser hinausgeschmissen.

Soweit soziale Kontrolle von formellen Gruppierungen ausgeübt wird, kommt sie nicht ohne äußere *Sanktionen* aus, um erwünschtes konformes Verhalten zu erreichen. So gelang es erst durch Belegung mit einer Geldstrafe, die Pflicht zum Angurten im Personenauto durchzusetzen und damit die Zahl der Unfallopfer erheblich zu reduzieren. Die Schule bedient sich solcher äußerer Sanktionen, bekannt als Schulstrafen, um das Einhalten der einschlägigen Bestimmungen durch die Schüler durchzusetzen. Auch informelle Gruppierungen benutzen äußere Sanktionen, z. B. Klassenprügel für einen Mitschüler, haben aber in der Regel wesentlich subtilere und damit um so wirksamere Methoden, soziale Kontrolle über ihre Mitglieder auszuüben. Je wichtiger das Einhalten einer bestimmten Norm für die Gruppe ist, desto stärker ist der Druck, den sie belohnend oder bestrafend auf ihre Mitglieder ausübt. Da das Wertsystem der informellen Gruppe vom einzelnen Individuum akzeptiert und auch internalisiert wird, empfindet es einerseits diesen Druck viel weniger, als wenn er von einem formellen System ausgeht, und sieht es andererseits in den notwendigen Verhaltensänderungen eher eine Art eigenverantwortlicher Selbstkontrolle. So ergreifen beispielsweise Trainer von Sportvereinen tiefgreifende und einschneidende Maßnahmen gegenüber Spielern, die sich diese als Schüler von ihrem Sportlehrer nie gefallen lassen würden. Pädagogisch gesehen wäre es demnach effektiver, sinnvoller und leichter von den Betroffenen zu akzeptieren, wenn Werte und Normen vor allen Dingen über informelle Gruppen tradiert oder auch geändert würden. Insofern ist die Rede von der Familie als Keimzelle des Staates auch sicher heute noch richtig; ebenso sind alle Ansätze zu begrüßen, die versuchen, formelle Gruppierungen mit vorbestimmten Normen und äußeren Sanktionen durch informelle zu ersetzen, die ihr Wertekonzept sich selbst suchen und dieses dann internalisiert auch in ihre weitere Umgebung hineintragen.

F. Interaktion

1. Kommunikation als Voraussetzung

Schon bei der Definition des Gruppenbegriffs wurde deutlich, daß die Interaktionen der Mitglieder untereinander ein wesentliches Merkmal der Gruppe darstellen. Unter Interaktionen verstehen wir wechselseitige Beziehungen und Abhängigkeiten zwischen den beteiligten Personen, die sowohl auf den Gruppenaktivitäten und Gruppennormen als auch auf Sympathie und der Zuweisung bestimmter Rollen innerhalb der Gruppen beruhen.

Interaktionen vollziehen sich in erster Linie als *Kommunikation* zwischen den Gruppenmitgliedern. Bei verbaler Kommunikation wird dem anderen durch Sprache etwas mitgeteilt, wobei jede dieser Mitteilungen einen Inhalts- und Beziehungsaspekt hat. Innerhalb einer Gruppe dürfte der Beziehungsaspekt zwischen zwei Partnern weitgehend geklärt sein. Damit ist dann auch die wichtigste Voraussetzung dafür gegeben, daß der Inhalt einer Aussage vom Gesprächspartner richtig verstanden werden kann. Interaktion in Gruppen bedeutet auch, daß Einwegkommunikation mit allen ihren Möglichkeiten der Fehlinterpretation und des Mißverständnisses sozusagen ausgeschlossen ist. Je nach Gruppenstruktur kommen mindestens Zweiweg-, meist aber Mehrwegkommunikationen zustande, die es gestatten, einen Zusammenhang bis ins letzte zu klären, auch wenn dieser Prozeß einige Zeit in Anspruch nimmt.

Ebenso spielt die nonverbale Kommunikation bei der Interaktion innerhalb der Gruppe eine große Rolle: das Hochziehen der Augenbraue oder ein kaum bemerkbares Verziehen des Mundes bedeutet für den aufmerksamen Partner unter Umständen mehr als viele Worte. Zur nonverbalen Kommunikation gehören insbesondere Mimik und Gestik, aber auch die heute oft genannte Körpersprache, wie das Übereinanderschlagen der Beine oder das Vorbeugen des Oberkörpers. Die Schwierigkeit der nonverbalen Kommunikation liegt in der richtigen Interpretation, in der tatsächlichen Bedeutung der Signale. Auch hier sind die Chancen der

Fehldeutung zwischen Mitgliedern einer sozialen Gruppe, die sich alle untereinander gut kennen und genau wissen, worauf sich bestimmte Signale beziehen, wesentlich geringer als zwischen zwei wildfremden Personen.

2. Konformität

Die Interaktionen innerhalb einer Gruppe dienen vor allem dazu, das von den Mitgliedern erwünschte Maß an Konformität der Einstellungen und Meinungen, bezogen auf die Gruppenaktivität und das Gruppenziel, herzustellen. Über die *Tendenz zur Leistungsnivellierung* innerhalb einer Gruppe wurde schon gesprochen. Man gleicht sich an einen Standard an, der sich als Sollwert der Gruppe herausgestellt hat. So läßt sich zumindest erklären, daß es beim gleichen Lehrer Parallelklassen in Mathematik gibt, die, obwohl in ihrer Zusammensetzung bezüglich mathematischer Begabung oder entsprechenden Vorwissens rein zufällig, sich im erreichten Durchschnitt um eine ganze Note unterscheiden.

Daneben wird auch eine *Vereinheitlichung der Meinungen* innerhalb der Gruppe erzielt. Der genannte Leistungsunterschied in den zwei Parallelklassen könnte somit davon herrühren, daß durch den Einfluß einiger Schüler die eine Gruppe zu der Ansicht gekommen ist, daß Mathematik etwas sei, das man weder im Studium noch im beruflichen Leben brauchen könne, und daß man sie deswegen vernachlässigen kann. Konformität in einer Gruppe entsteht darüber hinaus dadurch, daß man sich von den übrigen Gruppenmitgliedern in seinem eigenen Wesen und in seinen eigenen Ansichten bestätigt sieht und damit auch verstärkt fühlt.

Durch die gegebenen Vergleichsmöglichkeiten wird das *Vertrauen* der Gruppenmitglieder *in die eigene soziale Situation* gefestigt. Wenn der Mathematiklehrer versucht, einzelne Schüler für seinen Unterricht zu motivieren, indem er sie auf die große Bedeutung der Mathematik für die ganze „High Tech" unseres Jahrzehnts hinweist, wird er wenig oder nichts erreichen, solange die Gruppe bei ihrer bisherigen ablehnenden Haltung bleibt und damit auch den direkt Angesprochenen weiterhin die Sicherheit vermittelt, daß sie richtig liegen.

Nicht zuletzt erwächst aus dem Maß an Konformität die *Konstanz des Gruppenverhaltens*: Gruppen ändern ihre Standpunkte überhaupt nicht oder nur unmerklich. Dies wird dadurch erklärt, daß die Mitglieder bei größeren Abweichungen vom Gruppenkonsens bestraft werden, daß kleinere Abweichungen, die durchaus toleriert werden, entweder nichts bewirken oder sich gegenseitig aufheben. Steht in der Klasse mit den besseren Mathematiknoten der Lehrer in hohem Ansehen, dann kann der einzelne Schüler sehr wohl Kleinigkeiten an ihm auszusetzen haben, ohne daß dies dem Ansehen des Schülers schaden würde. Ein Schüler aber, der grundsätzlich Bedenken gegen diesen Lehrer anmeldet, muß damit rechnen, in der Gruppe, in der er sich wohlfühlt, zum Außenseiter zu werden.

3. Gruppenentscheidung

Trotzdem ist es nicht unmöglich, Änderungen in den normativen Einstellungen und im Verhalten von Gruppen herbeizuführen. Das dazu notwendige Verfahren wird seit LEWIN Gruppenentscheidung genannt. Er selbst hat während des Zweiten Weltkrieges versucht, die Ernährungsgewohnheiten der US-Hausfrauen durch Gruppenentscheidung zu beeinflussen; nach dem Krieg ging es ihm um eine vitaminreichere Ernährung der Kleinstkinder.

Die Veränderung erfolgt in vier Schritten: Zunächst werden alle Mitglieder gemeinsam über die geplante Änderung informiert, dann diskutiert man in der Gruppe alle Vor- und Nachteile ausführlich durch und sucht nach einer von allen getragenen Lösung, die zuletzt gemeinsam ausprobiert wird. Die persönliche Beteiligung und Aktivität aller bei diesem Prozeß, die öffentliche Verpflichtung vor der Gruppe, den neuen Standard anzustreben, und die soziale Unterstützung durch den in der Gruppe erzielten Konsens sind dabei unabdingbare Voraussetzungen für die Durchsetzung einer neuen Norm.

Kehren wir noch einmal zu unserem Mathematikunterricht zurück: Will der Lehrer erreichen, daß die Klasse ihre bisherige Konformität bezüglich der Geringschätzung des Faches aufgibt, so wird er nur dann Erfolg haben, wenn er versucht, in der Klasse eine Gruppenentscheidung für einen neuen normativen Standard des Faches Mathematik herbeizuführen. Normenverändernde Gruppenentscheidungen können nicht einfach von außen verordnet werden. Sie gehen in aller Regel von einzelnen, im Status meist eher höherrangig eingeordneten Mitgliedern aus, oder sie ergeben sich als Summe kleiner Veränderungswünsche bei vielen Mitgliedern, wenn diese alle in dieselbe Richtung gehen.

So hat für die Stabilisierung des Therapieerfolges die Zugehörigkeit zu einer Selbsthilfegruppe der Anonymen Alkoholiker eine weit höhere Erfolgsquote aufzuweisen, als diese durch Gebote und Verbote des behandelnden Arztes oder Therapeuten erzielt werden könnte.

4. Felduntersuchung zur Gruppenbildung und -veränderung

Um die Interaktionen in Gruppen wissenschaftlich erforschen zu können, werden sogenannte Felduntersuchungen durchgeführt. Im Gegensatz zu Laborexperimenten, bei denen alle möglichen Einflußgrößen entweder ausgeschaltet oder aber genau kontrolliert werden, um eine Variable zu untersuchen, müssen dort unter Belassung des Umfeldes die Veränderungen beobachtet werden, die sich aus bestimmten, vorher genau festgelegten Eingriffen ergeben.

Wegen der grundlegenden gruppenpsychologischen Bedeutung sei hier die Ferienlager-Untersuchung von SHERIF aus den Jahren 1949 bis 1954 kurz beschrieben. SHERIF organisierte in diesen Jahren dreimal Ferienlager für je 24 Jungen, die aus ähnlichen Familienverhältnissen stammten und sich vorher nicht kannten. Das Camp lag in einer einsamen Berggegend. Die Jungen wurden bei allem, was sie unternahmen, von zwei Studenten begleitet, die sich aber nicht in die Rolle des Gruppenführers drängen ließen. Der Versuchsleiter selbst gab sich als gutmütiger, aber etwas griesgrämiger Verwalter des Lagers aus, der geschäftig hie und da auftauchte und sogenannte „dumme" Fragen stellte, z. B. zu welcher Gruppe jemand gehöre oder was er da gerade mache. Die Untersuchungen liefen in vier Phasen ab, von denen jede drei bis vier Tage dauerte.

In der ersten Phase waren alle Jungen beisammen und lernten sich so gegenseitig kennen. Es bildeten sich spontan kleinere Cliquen und Freundschaftsgruppen. Der ganze Tagesablauf war so gestaltet, daß vom Essen bis zum Schlafen, vom Spielemachen bis zum ersten Kennenlernen der Umgebung alles gemeinsam unternommen wurde.

Für die zweite Phase wurden die Jungen, entgegen den bisher entstandenen Sympathien, in zwei Gruppen aufgeteilt, die fortan ganz getrennt agierten: Sie schliefen in verschiedenen Hütten, kochten und aßen jeweils für sich, planten ihre Unternehmungen unabhängig voneinander und ließen sich von den anderen nicht bei der Durchführung beeinflussen. Nach kurzer Zeit waren die künstlich geschaffenen anfänglichen Schwierigkeiten überwunden, die formelle Gruppe entwickelte sich zur informellen, niemand trauerte mehr den abgebrochenen ursprünglichen Beziehungen nach, ein echtes Wir-Gefühl bildete sich heraus. Man legte sich einen eigenen Gruppennamen (z. B. „Red Devils") zu und schuf eigene Gruppensymbole (z. B. einen Wimpel).

Die dritte Phase der Konkurrenz zwischen den beiden Gruppen ergab sich beinahe von allein aus dem Wunsch, zu sehen, was die jeweils andere Gruppe inzwischen erreicht habe, und dies mit den eigenen Ergebnissen zu vergleichen. Man maß die Kräfte zunächst in sportlichen Wettkämpfen (z. B. Tauziehen), die aber bald zu mehr oder weniger ernsthaften Raufereien ausarteten. Schließlich kam es zwischen den rivalisierenden Gruppen zu echter gruppenspezifischer Aggressivität: Mitglieder der anderen Gruppe wurden beschimpft oder sogar geschlagen; das Lager der anderen wurde überfallen, schließlich die Fahne der „Feinde" erbeutet und sogar feierlich verbrannt.

In der vierten Phase sollten die beiden rivalisierenden Gruppen wieder zusammengeführt werden. Als besonders wirksam in dieser Hinsicht erwiesen sich ganz bestimmte äußere Umstände, wie:
— gemeinsame Not (der angebliche Ausfall der Wasserversorgung bedingt große Anstrengungen aller, um diese wieder sicherzustellen)
— gemeinsame Gegner (sportlicher Wettkampf aller Lagerteilnehmer mit den Herausforderern eines benachbarten Camps)

– gemeinsames Erlebnis (Entdecken und Erforschen einer Höhle einschließlich der notwendigen Vorbereitungen und Sicherheitsmaßnahmen)
– gemeinsamer Vorteil (eine Fahrt in ein besonders reizvolles Naturschutzgebiet kann nur dann durchgeführt werden, wenn alle Jungen ihr Taschengeld opfern).

Tatsächlich verlor sich die Rivalität zwischen den beiden Gruppen im Laufe solcher Ereignisse, so daß am Ende des Ferienlagers die Gruppe als Ganzes wieder voll funktionsfähig war.

Sicher ist es interessant, sich einmal klarzumachen, warum es wichtig war, daß sich die Jungen vor der Untersuchung nicht kannten, und welchem Zweck die erste Phase diente. Die drei weiteren Phasen brachten planmäßige Veränderungen, die ein jeweils vorbestimmtes Forschungsziel offenbaren. Es ist nicht schwer, selbst die zugrundeliegenden Hypothesen zu formulieren und zu überprüfen, inwieweit sie durch die Untersuchung bestätigt oder falsifiziert wurden. Gibt es ein besonders wichtiges Ergebnis dieser Felduntersuchung? Welche methodischen Mängel könnten SHERIF eventuell angelastet werden?

G. Gruppenstruktur

1. Das Soziogramm

Neben der Betrachtung der Interaktionen in der Gruppe galt das Interesse der Sozialpsychologen vor allem der Gruppenstruktur, für deren Untersuchung seit MORENO (1934) die sogenannte Soziometrie verwendet wird. Mit dieser Methode gelingt eine Momentaufnahme des Beziehungsgeflechts der Gruppe, werden die augenblickliche Rangordnung, Rollenverteilung und Führungsposition deutlich. Trotzdem haben die Ergebnisse eine über den Moment hinausgehende Gültigkeit, da man weiß, daß nach einiger Zeit die Gruppenstruktur sich verfestigt und eine gewisse Stabilität erreicht. Soziometrische Untersuchungen bergen aber immer auch die Gefahr in sich, daß sie als weiterhin zutreffend und gültig angesehen werden, obwohl vielleicht gruppendynamische Prozesse bereits größere Veränderungen der Gruppenstruktur mit sich brachten. Auch sagen soziometrische Verfahren nie etwas über die Hintergründe aus, die zu einer bestimmten Gruppenstruktur geführt haben. Diese können nur durch zusätzliche Befragungen und durch intensive Beobachtung der Gruppenmitglieder aufgedeckt werden. Wir wollen uns zur Beschreibung des soziometrischen Verfahrens eines Beispiels bedienen:

Der Klassenlehrer einer neugebildeten fünften Klasse eines Gymnasiums hat den Schülern versprochen, daß die zufällige Sitzordnung, die sich bei Beginn des Schuljahres ergab, nach den Herbstferien durch eine Sitzordnung nach Wunsch ersetzt werden soll. Vor den Ferien werden die Schüler befragt, neben wem sie gerne sitzen würden (drei Nennungen sind möglich) und wen sie auf keinen Fall als Banknachbarn haben wollen (zwei Nennungen). Aus diesen Daten erstellt der Lehrer (Versuchsleiter) zunächst eine sogenannte Soziomatrix (vgl. Abb. 31), die hier der Übersichtlichkeit halber auf sieben Schüler verkürzt wiedergegeben wird.

Namen	A	B	C	D	E	F	G	abgegebene Wahlen negativ	positiv
A		+	−		+		−	2	2
B	+		+					0	2
C	+	+				+	−	1	3
D	+		−		+		−	2	2
E	+		−	+			−	2	2
F		+	+					0	2
G	+		+			−		1	2
	5	3	3	1	2	1	0	erhaltene Wahlen	
	0	0	3	0	0	1	4	erhaltene Ablehnungen	
	5	3	6	1	2	2	4	Beachtungen	

Abb. 31: Soziomatrix

Die Soziomatrix zeigt im Überblick, wer wen gewählt hat und wer wen ablehnt. Darüber hinaus kann man aus ihr auch die Beliebtheit/Unbeliebtheit bestimmter Schüler und ihren sozialen Radius, d. h. den Umfang, in dem sich die anderen überhaupt mit ihnen beschäftigen, ablesen. Um die individuellen Zusammenhänge deutlich zu machen, werden sie graphisch im Soziogramm (vgl. Abb. 32) festgehalten, in dem positive Wahlen durch ausgezogene, Ablehnungen durch gestrichelte Pfeile (jeweils vom Wähler ausgehend) dargestellt werden. Das so gefundene Netzwerk gibt dem Lehrer Einblick in die Freundschaftsstrukturen seiner Klasse.

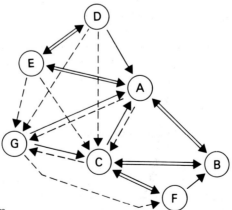

Abb. 32: Soziogramm

Gruppenstruktur 133

2. Typische Figuren und Positionen

MORENO fand heraus, daß Gruppenstrukturen von typischen Figuren und Positionen bestimmt sein können (vgl. Abb. 33):

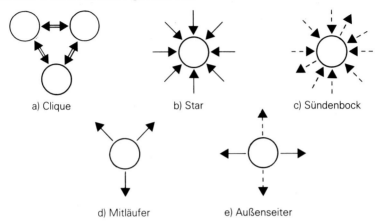

Abb. 33: Typische Figuren im Soziogramm

So ist eine *Clique* innerhalb der Gruppe ganz in sich abgeschlossen; es ist meist sehr schwer, hier einen Ansatzpunkt für eine Öffnung zu anderen Mitgliedern hin zu finden. Beim *Star* handelt es sich um das Gruppenmitglied mit dem höchsten Ansehen; er ist meist auch der Führer der informellen Gruppe, wird von beinahe allen gewählt, verteilt aber die eigene Gunst nur ganz gezielt. Der *Sündenbock* wird von vielen abgelehnt, er ist sich seiner Situation bewußt und lehnt seinerseits auch die anderen ab; das Verhältnis zur Gruppe ist oft durch beiderseitige Aggressivität gekennzeichnet. Der *Mitläufer* versucht durch Wahl der Gruppenmitglieder mit hohem Status sich selbst aufzuwerten und Anschluß zu finden, wird aber von seinen Wunschpartnern wenig akzeptiert. Der *Außenseiter* wählt positiv oder lehnt ab, wird aber selbst nicht beachtet. Resigniert er, so kann er leicht zum *Einzelgänger* werden, der niemanden mehr wählt und nicht gewählt wird.

3. Diagnose und Therapie

Sollen irgendwelche Maßnahmen zur Veränderung der Gruppenstruktur ergriffen werden, so ist die Klärung von Figuren und Positionen mit Hilfe der Soziometrie nur ein erster Schritt. Es kommt darüber hinaus darauf an, möglichst zu ergründen, wodurch die entsprechende Konstellation entstanden ist: Bei der Clique könnte es sich um eine Nachbarschafts-, Spiel- oder Grundschulklassengruppe handeln, die geschlossen in die erste Gymnasialklasse eingerückt ist, beim Sündenbock um ein

Kind mit starkem Mundgeruch, neben dem niemand sitzen will, beim Außenseiter um ein Gastarbeiterkind, das nach einem – vielleicht von den Eltern oder vom Lehrer übernommenen – Vorurteil der Mitschüler im Gymnasium nichts zu suchen hat. Glaubt der Lehrer, die Hintergründe richtig aufgedeckt zu haben, so wird er versuchen, die Gruppenstruktur im gewünschten Sinn zu verändern. Der Erfolg hängt aber nicht nur von der richtigen Diagnose ab, sondern auch von der Art der getroffenen Maßnahme, ob diese von der Gruppe und von den einzelnen Mitgliedern akzeptiert wird oder nicht.

H. Gruppenführung

1. Die Führerrolle

Keine Rolle in einer sozialen Gruppe ist so ausführlich und mit so wenig eindeutigen Ergebnissen untersucht worden wie die des *Gruppenführers*. In den Geschichtsbüchern des Dritten Reiches lernten die Schüler, daß Hitler schon in seiner Jugend „ein kleiner Rädelsführer" war. Damit sollte einerseits suggeriert werden, daß Führertum etwas Angeborenes, Unveränderbares, Immerwährendes sei, andererseits Hitler hinausgehoben werde über das Alltägliche, normal Menschliche, Vergleichbare. Mit solchen Aussagen über die besondere Ausstrahlungskraft der Führerpersönlichkeit haben die Sozialpsychologen große Schwierigkeiten. Spätestens wenn vom *Charisma* eines Führers die Rede ist, scheiden sich die Geister endgültig, und gerade wir Deutschen haben allen Grund, mit einer solchen Begründung mehr als vorsichtig umzugehen.

Sozialwissenschaftliche Untersuchungen zeigen, daß die Führungsrolle von einer ganzen Reihe eindeutig nachweisbarer Faktoren abhängt. Diese sind zum Teil situativer Art: ob eine formelle oder informelle Gruppenstruktur einander überlappen und die beiden Gruppenziele übereinstimmen; ob es für die Gruppe vor allem um die Abgrenzung nach außen oder um das innere Klima geht; ob das Erreichen des Gruppenziels großen Sachverstand, taktisches Geschick oder Durchsetzungsvermögen erfordert usw. Im persönlichen Bereich ist für den Führer wichtig, daß er – direkt oder indirekt – eine große Kontaktdichte zu allen anderen Mitgliedern hat. Damit kann er die Gruppenmeinung in einem bedeutsamen Bereich besser beurteilen als die übrigen Mitglieder und kurz vor dem Augenblick seine Sicht der Dinge verbalisieren, in dem auch die anderen das Problem ebenso gesehen hätten. Dies steigert dann seine Fähigkeit, andere zu beeinflussen, da man ja immer wieder erfahren hat, daß er zuerst auf die später dann auch von der Gruppe als wichtig erachtete Idee kam. Der Führer einer Gruppe muß sich einerseits strenger an deren Normen halten als irgendein anderes Mitglied und für ihre Beachtung sorgen; er kann andererseits – und betont so seine herausgehobene Position – für

Gruppenführung

sich beanspruchen, bestimmte Regeln zu mißachten. Selbstverständlich muß er durch seine Fähigkeiten und die schon gezeigte Leistung im Sinne des jeweiligen Gruppenziels tüchtiger sein als die anderen, muß er Autorität besitzen und als Verantwortlicher akzeptiert werden.

2. Die Führungsstile

Untersuchungen über Führungsstile in Gruppen, von LEWIN begonnen und von dem deutschen Psychologenehepaar TAUSCH weitergeführt, zeigten, daß ein und dieselbe Person durchaus in der Lage ist, Gruppen in ganz unterschiedlicher Weise zu führen, und daß je nach Führungsstil sich in den Gruppen recht unterschiedliche Verhaltensweisen in den Vordergrund schieben. Bei *autokratischem* oder *autoritärem* Führungsstil werden die Mitglieder vom Führer intensiv und genau gelenkt. In der Gruppe selbst bekommen Interaktionsformen wie Dominanz und Dirigismus, Unfreundlichkeit und Unhöflichkeit, Strafandrohung und Irreversibiliät der Sprache die Oberhand. Die Mitglieder sind eher verärgert, unzufrieden, aggressiv, meist rezeptiv und vielfach frustriert. Ihre Motivation läßt nach; sie neigen dazu, vorgegebene Denkschemata zu übernehmen. Der *demokratische* oder *sozialintegrative* Führungsstil ist eher auf die Bedürfnisse der einzelnen Mitglieder abgestimmt, gibt diesen das Gefühl der Gleichberechtigung und bezieht sie in das soziale Gesamtgefüge der Gruppe mit ein. Die Sprachäußerungen aller Gruppenmitglieder sind reversibel, das Gesamtverhalten kooperativ; man zeigt Verständnis füreinander und achtet Persönlichkeit und Würde des anderen. Die Mitglieder fühlen sich direkt angesprochen, sind motiviert, können sich selbst einbringen. Sie sind höflich und freundlich zueinander, sie steigern ihre Leistung für die Gruppe und gleichzeitig ihr Selbstwertgefühl und ihre innere Zufriedenheit. Der demokratische Führungsstil ist nicht zu verwechseln mit dem *Laissez-faire,* bei dem alle sich selbst überlassen bleiben, sich Unsicherheit ausbreitet, letztlich jeder versucht, seine eigenen Interessen bei gleichzeitiger Intoleranz gegen andere durchzusetzen.

3. Führung und Autorität

Mit der Führungsrolle ist immer auch die Frage der Autorität angesprochen. Autorität heißt, daß eine Person für eine andere wegweisend ist. FROMM, ein Tiefenpsychologe unserer Tage, unterscheidet rationale Autorität, die auf Kompetenz, und irrationale Autorität, die auf Macht zurückgeht. Letztere wird auch Amts- oder Auftragsautorität, die erstere auch Persönlichkeits- oder Sachautorität genannt. Wir alle üben mehr oder weniger die eine oder andere Art der Autorität im Laufe unseres Lebens auf andere Personen aus. *Rationale Autorität* beruht sowohl auf sachlich notwendigen Fähigkeiten, wie z. B. Erfahrung, Geschicklichkeit,

Großzügigkeit, Weisheit, als auch auf Selbstverwirklichung und Integration der Persönlichkeit. Sie bedarf keiner Drohungen, keiner Befehle oder gar Strafen. Sie wirkt durch das, was ein Mensch ist, und fördert das Wachstum der Personen, die sich ihr anvertrauen. *Irrationale Autorität* geht zurück auf den erreichten sozialen Status, für den Kompetenz nicht notwendigerweise Voraussetzung war. Trotzdem wird ihr die Macht zuerkannt, durch Amt, Titel oder Geld Autorität auszuüben, in der Regel, um andere zu unterdrücken. In einer so komplizierten, im Prinzip immer noch hierarchisch gegliederten Gesellschaft wie der unsrigen ersetzt sie häufig die reale Kompetenz und die persönlichen Qualitäten, auf denen allein rationale Autorität beruht. Von jemandem, der über ein Amt oder über einen Titel verfügt, nimmt man – oft fälschlicherweise – auch an, daß von ihm rationale Autorität ausgehe.

4. Exkurs: Das MILGRAM-Experiment

Die Wirkung von irrationaler Autorität wird besonders augenfällig im sogenannten *Eichmann-Syndrom,* das der amerikanische Psychologe MILGRAM 1961 im Experiment nachgewiesen hat. Das Experiment wurde 1970 im Max-Planck-Institut in München mit ganz ähnlichen Ergebnissen wiederholt.

a) Aufbau des Experiments

Angeblich ging es in diesem Experiment um die Erprobung eines neuen Lehr- und Lernverfahrens. Dem Lernenden – im folgenden kurz Schüler genannt – wurden Wortpaare, wie Tag-blau, Nacht-Wald, Mutter-Liebe, Wasser-Seemann vorgelesen, insgesamt 26 Stück. Der Schüler sollte sich die Wortpaare so einprägen, daß er beim nachfolgenden Abfragen in der Lage war, aus vier Alternativen zum Reizwort die richtige Ergänzung herauszufinden, also z. B. blau aus den Alternativen blau, gelb, grün, rot, zum Reizwort Tag. Der Lehrende – im folgenden kurz Lehrer genannt – sollte eine richtige Antwort bestätigen; bei einer falschen Antwort mußte der Schüler mit einem Elektroschock bestraft und ihm anschließend die richtige Antwort vorgelegt werden. Die Ergebnisse der Versuchsreihe wurden als wissenschaftlich sehr bedeutsam beschrieben, was durch die dauernde Anwesenheit eines Mitglieds der Max-Planck-Gesellschaft als Versuchsleiter noch unterstrichen wurde. Für das Experiment wurden 120 Arbeiter, Angestellte und Beamte unter 28 000 Personen nach einem mathematisch-statistischen Stichprobenverfahren zufällig ausgewählt.

b) Modalitäten der Durchführung

Für die Beurteilung des Experiments sind bestimmte Modalitäten der Durchführung von entscheidender Bedeutung:

Gruppenführung 137

- Die Rollenverteilung Lehrer-Schüler wurde ausgelost, so daß jede Versuchsperson den Eindruck hatte, nur durch Zufall die Lehrerrolle erhalten zu haben. Tatsächlich war der Vorgang aber manipuliert: Schüler war immer derselbe, ein 21jähriger Student, der mit allen Einzelheiten des Experiments vertraut war. Lehrer und Schüler saßen während des Versuchsdurchgangs in verschiedenen Räumen. Die Verbindung zwischen beiden bestand in einer Wechselsprechanlage und einem Bestrafungsapparat, mit dem der Lehrer dem Schüler Elektroschocks zwischen 15 und 450 Volt verpassen konnte. Der Lehrer bekam vor Beginn des Versuchs einen Probeschock von 45 Volt, damit er sich eine konkrete Vorstellung davon machen konnte, wie seine Bestrafungen wirkten. Außerdem waren, für den Lehrer sichtbar, die einzelnen Bereiche der Bestrafungsmaschine gekennzeichnet, von „sehr leichter Schock" bei 15 – 30 Volt, bis zu „unmittelbare Lebensgefahr" bei 450 Volt.

- Der Lehrer erhielt nun die Anweisung, den Schüler – nachdem er ihm alle 26 Wortpaare langsam vorgelesen hatte – entsprechend einer genauen schriftlichen Anweisung abzufragen und jede richtige Antwort zu bestätigen. Bei einer falschen Antwort mußte er den ersten Hebel (15 Volt) des Schockgenerators drücken und dem Schüler sagen, mit welcher Volthöhe er bestraft wurde. Anschließend las er ihm die richtige Antwort vor und ging zur nächsten Frage über. Bei der nächsten falschen Antwort – auch keine Antwort galt als falsch – wurde der zweite Hebel (30 Volt) gedrückt usw. bis zur Höchststrafe von 450 Volt. Die Schülerantworten waren manipuliert, kamen also von einem vorbereiteten Band, das auch Reaktionen des Schülers auf die Bestrafungen wiedergab, von leichtem Stöhnen in der Anfangsphase über lautes Schimpfen und drängende Bitten, doch aufzuhören, bis hin zum apathischen Röcheln und schließlich lautloser Stille in der Endphase.

c) Ergebnisse

85 Prozent aller Lehrer gingen bis zu 450 Volt. 74 Prozent fühlten sich für das, was sie taten, nicht verantwortlich. 70 Prozent glaubten, der Schüler sei mindestens bewußtlos, 15 Prozent meinten, er könne bereits tot sein. 40 Prozent waren nicht einmal nervös. Nur 6 Prozent zweifelten an der Echtheit des Experiments, und nur 15 Prozent der Lehrer weigerten sich, im Laufe des Versuchs weiterzumachen.

Die beschriebene Versuchsanordnung wurde in einem zweiten Durchgang so geändert, daß der Lehrer zufällig zu früh in den Versuchsraum gelassen wurde und erlebte, wie sein Vorgänger sich weigerte, weiterzumachen. Der Versuchsleiter erklärte darüber hinaus, daß er nur Student, nicht Mitglied der Max-Planck-Gesellschaft sei und daß das Experiment nicht wissenschaftlich überwacht werde. Unter diesen Bedingungen waren immer noch 52 Prozent der Versuchspersonen bereit, Elektroschocks zu geben.

MILGRAM sagte zu diesen Ergebnissen: „Sie beunruhigen mich zutiefst. Sie lassen die Möglichkeit erstehen, daß von der menschlichen Natur oder – spezieller – von dem in der amerikanischen Gesellschaft hervorgebrachten Charaktertyp nicht erwartet werden kann, daß er ihren Bürgern vor brutaler und unmenschlicher Behandlung auf Anweisung einer böswilligen Autorität Schutz böte. Die Leute tun zu einem erheblichen Teil, was ihnen gesagt wird, ungeachtet des Inhalts der Handlung und ohne Gewissensbeschränkungen, solange sie den Befehl von einer legitimierten Autorität kommen sehen, die ihnen die Verantwortung abnimmt. Wenn in dieser Studie ein anonymer Experimentator erfolgreich Erwachsenen befehlen konnte, einen 50jährigen Mann ins Joch zu zwingen und ihm trotz Protestes schmerzhafte Elektroschocks zu versetzen, kann man nur gespannt sein, was eine Regierung – mit weit größerer Autorität und größerem Prestige – ihren Untertanen zu befehlen vermag".

I. Gruppe und Leistung

1. Prinzip des statistischen Fehlerausgleichs

Es gibt Probleme und Fragen, die durch die Gruppe besser gelöst werden können als durch die einzelnen. Dies führte in den sechziger Jahren bei Schülern und Studenten, aber auch in anderen Bereichen unserer Gesellschaft, zu der Meinung, daß die Gruppe grundsätzlich dem einzelnen oder der Summe der Leistungen der einzelnen überlegen sei. Genauere Untersuchungen haben ergeben, daß dies allgemein nicht zutrifft, sondern nur bei ganz bestimmten Leistungen: für solche vom Typ der Kräfteaddition, für solche vom Typ des Suchens und Findens und für solche vom Typ des Bestimmens. Da zwischen diesen Typen fließende Grenzen bestehen, ist es nicht immer ganz einfach, eine bestimmte Leistung genau zuzuordnen. Das Herausstellen von Typen erleichtert aber das Erkennen und das Abgrenzen von Leistungen, die von Gruppen besonders vorteilhaft erbracht werden.

Grundsätzlich kann in der Gruppe immer vom Prinzip des statistischen Fehlerausgleichs ausgegangen werden. Es läßt sich mathematisch nachweisen und durch Experimente bestätigen, daß in einer schwierigen Frage die durchschnittliche Antwort einer größeren Anzahl von Menschen, die noch nicht einmal miteinander in Verbindung zu treten brauchen, statistisch eher zutrifft als die irgendeines einzelnen, vorausgesetzt, daß sich jeder ehrlich um die richtige Antwort bemüht hat. Daraus ergibt sich – zunächst theoretisch – eine Allwissenheit der Großgruppe, ein Vorgang, der die Grundlage unseres westlichen Demokratieverständnisses darstellt. Stimmen werden bei uns gezählt und nicht gewogen, wie dies Schiller angesichts bestimmter Auswirkungen der Französischen Revolution empfiehlt: „Mehrheit ist Unsinn, Verstand ist stets bei wen'gen nur gewesen".

2. Kräfteaddition

Bei der Kräfteaddition als Gruppenleistung handelt es sich um eine Zusammenfassung von Einzelleistungen mit dem Ziel, durch eine gemeinsame Kraftanstrengung etwas zu erreichen, für das die Kräfte eines einzelnen nicht ausreichen würden. Das ursprüngliche Bild dafür ist das gemeinsame Transportieren eines Baumstammes durch zehn Waldarbeiter, von denen jeder allein keine Chance hätte, diesen auch nur eine Handbreit zu verschieben. In unserer heutigen Zeit, in der Schwerarbeit von Maschinen erledigt wird, ist die Gruppenleistung im Sinne der Kräfteaddition zum Prinzip der Arbeitsteilung geworden, das der modernen Arbeitswelt überall zugrundeliegt. Dabei wird die Arbeit so organisiert, daß jeder am Produktionsprozeß Beteiligte nur noch wenige Handgriffe zu vollbringen hat, die er dann so gut beherrscht, daß seine Leistung immer größer wird. In der Summe ist das Arbeitsergebnis wesentlich besser, als wenn das Produkt von der gleichen Personenzahl hergestellt worden wäre und jeder einzelne ein vollständiges Werkstück von A bis Z produziert hätte. Die Kehrseite der erreichten Leistungssteigerung durch die Arbeitsgruppe ist die Sinnentleerung und die Entmenschlichung der industriellen Arbeit: Folgen der Leistungssteigerung durch Kräfteaddition, von denen noch niemand endgültig weiß, wie ihnen begegnet werden kann.

3. Suchleistung der Gruppe

Den Grundtyp der Suchleistung finden wir dargestellt bei der Suche nach einem vermißten Menschen in einem Wald. Niemand wird auf die Idee kommen, das entsprechende Gebiet allein abzugehen. Man stellt einen Suchtrupp, je nach Größe des Waldstücks, zusammen und kämmt dieses systematisch durch. Die Chancen, den Vermißten zu finden, werden dadurch wesentlich größer. Auch bei der Suchleistung, deren Ziel die gemeinsame Suche nach der richtigen Antwort auf eine schwierige Sachfrage ist, bleibt deren ursprüngliche Bedeutung weit hinter der übertragenen zurück, bei der für ein Problem im Unterricht, im Betrieb, in der Politik, in Wissenschaft oder Forschung, in Arbeitsgruppen oder Teams eine Lösung gesucht wird. Für ein effektives Vorgehen ist es besonders wichtig, daß die Kooperation in der Gruppe gut funktioniert. Dies ist wie beim Typ der Kräfteaddition vor allem eine organisatorische Frage, aber nicht nur. Von Bedeutung ist darüber hinaus beim Typ der Suchleistung, daß jeder Mitarbeiter das zu lösende Problem genau kennt und daß er weiß, was das einzelne Gruppenmitglied zur Lösung beizutragen in der Lage ist. Es kommt darauf an, sich der möglichen Beiträge der anderen bewußt zu werden, und nicht, wie es oft geschieht, in erster Linie die eigenen Ansichten durchzusetzen. Optimal kann der Vorteil der Kleingruppe nur dann genutzt werden, wenn jeder versucht, Schwierigkeiten des anderen zu erkennen und ihm – und damit allen – zu helfen. Schon bei so einfachen Formen der Gruppenarbeit, wie wir sie im Unterricht durchführen, zeigt sich, daß die Selbstkontrolle der Schüler bezüglich des tatsächlichen Maßes an Kooperation, das sie aufzubringen bereit sind, über den Erfolg entscheidet, daß es vor allem auch auf die Gefühle der einzelnen Mitglieder füreinander ankommt.

4. Bestimmungsleistung der Gruppe

Am wenigsten bewußt, dafür von um so größerer Wirkung, ist die Bestimmungsleistung der Gruppe. Darunter versteht man, daß bei für den einzelnen komplizierten Meinungsbildungsprozessen, in denen es für eine Entscheidung keine ausreichende Basis gibt, der Rückhalt für die eigene Ansicht in der Gruppe gesucht und in der Auseinandersetzung mit ihr auch gefunden wird. Nehmen wir das Beispiel eines Englischlehrers, der für den nächsten Tag sehr umfangreiche Hausaufgaben gibt. Der einzelne Schüler kann kaum beurteilen, ob dies noch angemessen ist oder nicht. In der Klasse kommt man im Gespräch untereinander schnell überein, daß, vor allem weil auch noch Nachmittagsunterricht stattfindet, die Hausaufgaben für das Fach Englisch nur zum Teil erledigt werden können. Man einigt sich darauf, daß die Übersetzung von allen gemacht werden soll, nicht aber der Rest. Der Klassensprecher wird dies am nächsten Tag dem Englischlehrer vor der Unterrichtsstunde mitteilen.

Der Vorgang der Bestimmungsleistung ist im Prinzip immer derselbe wie im obigen Beispiel: Eine Frage, auf die es keine eindeutige Antwort gibt, ist aufgeworfen. Sie wird in der Gruppe gemeinsam durchgesprochen, und man einigt sich auf eine Lösung oder eine Ansicht. Diese wird dann innerhalb der Gruppe vertreten, aber auch nach außen hin, gegenüber anderen Personen oder Gruppierungen. Die von der Gruppe akzeptierte Antwort gibt dem einzelnen Mitglied auch den sozialen Rückhalt, den es braucht, um sich außerhalb der Gruppe durchsetzen zu können.

Noch ein Beispiel: Eine Clique von Jugendlichen, Jungen und Mädchen, ist zu der Ansicht gekommen, daß sie nun alt genug seien, um den nächsten Sommerurlaub allein, also ohne die Begleitung Erwachsener, auf einem Campingplatz am Mittelmeer zu verbringen. Die Argumente, die dafür sprechen, sind ausgetauscht und wurden von allen bekräftigt, mögliche und zu erwartende Einwände wurden abgewiesen und Gründe dafür ins Feld geführt. Auf dem Hintergrund dieser Bestimmungsleistung versucht nun jeder einzelne Jugendliche, die Zustimmung der Eltern zu der geplanten Expedition zu bekommen. Finanzielle Einwände werden entkräftet, bedrohte Sitten als sowieso fragwürdig hingestellt, vorhandene oder vorgebrachte Ängste abgebaut. Die Chancen, sich gegenüber den Eltern durchzusetzen, sind durch die vorher in der Gruppe erreichte Einigung ungleich größer, als wenn jeder Jugendliche sich als „Einzelkämpfer" versucht hätte.

Bestimmungsleistungen im Sinne von Norm- und Wertentscheidungen geschehen in der Familie, in der Schule und im Unterricht, in der Gruppe der Gleichaltrigen, während des Studiums, am Arbeitsplatz, in Vereinen, in politischen Parteien oder Gewerkschaften. Besonders empfänglich sind Einzelpersonen für Gruppenentscheidungen, wenn alle eventuell störenden Einflüsse von außerhalb ausgeschaltet werden. Deshalb geht man mit Gruppierungen aller Art, wenn als besonders heikel erachtete Fragen anstehen, in Klausur: mit der Familie in Urlaub, mit der Klasse ins Schullandheim, mit der Betriebsgruppe ins Waldhotel, mit den Soldaten ins Manöver, mit den Gewerkschaftlern ins Schulungslager oder mit den Mandatsträgern politischer Parteien hinter verschlossene Türen. Nicht zuletzt muß darauf hingewiesen werden, daß Bestimmungsleistungen auch oft von Großgruppen ausgehen: Der Widerstand gegen das Rauchen, das Eintreten für mehr Umweltschutz, die Initiativen für den Frieden, das Entstehen der Mode wären dafür ein paar derzeit wichtige Beispiele. Bliebe zu prüfen, ob auch dafür die Ursachen in Bestimmungsleistungen von Kleingruppen liegen, die zufällig – oder einem Trend der Zeit gehorchend – in dieselbe Richtung gehen und sich dann entsprechend aufaddieren.

K. Lernen in Gruppen

Schüler und Studenten bilden zur Vorbereitung auf Prüfungen häufig Lerngruppen, um besser und schneller die zum guten Bestehen als notwendig angesehenen Leistungen erbringen zu können. Dabei unterliegen sie oft der Täuschung, daß sich jeder einzelne Lernschritt oder jedes Problem für Gruppenarbeit gleich gut eigne, also daß Gruppenarbeit in jedem Fall der Einzelarbeit vorzuziehen sei. Dies stimmt, wie schon die verschiedenen Gruppenleistungen ahnen lassen, in dieser Form nicht.

Nehmen wir als Beispiel eine Gruppe von vier Schülern, die sich für das Fach Sozialkunde/Geschichte als viertes, nur mündlich zu prüfendes Abiturfach entschieden haben. Die Zeit zwischen schriftlichem und mündlichem Abitur wollen sie gemeinsam für eine optimale Vorbereitung nutzen. In einem Buch über Lernpsychologie finden sie die notwendigen Lernschritte in nachstehender Reihenfolge beschrieben:

- Ziele setzen
- Vorstrukturieren
- Planen
- Sammeln von Informationen
- Auswählen von Informationen
- Strukturieren
- Informationen aufnehmen
- Kontrollieren
- Lösen von Aufgaben
- Ausformulieren

Sehr rasch stellen sie fest, daß für die konkrete Planung, d. h. für den Vorschlag einer inhaltlichen und zeitlichen Gliederung des gesamten Lernablaufs, die Gruppe im Nachteil ist, da hier zu verschiedene Lösungsstrategien koordiniert werden müßten. Auch beim Aufnehmen von Informationen – dem eigentlichen Lernvorgang im engeren Sinn – führen die individuell unterschiedlichen Vorkenntnisse zwischen den Gruppenmitgliedern zu Schwierigkeiten und sind die Auswahlstrategien und der Aufmerksamkeitsverlauf von Individuum zu Individuum verschieden. Schließlich ist das Ausformulieren gemeinsam mit der Gruppe kaum möglich, da die einzelnen Ansätze sich nicht genügend aufeinander abstimmen oder einfach kombinieren lassen. Will also einer der Schüler die Antwort auf eine erwartete Prüfungsfrage zur Übung wörtlich ausarbeiten, so wird er dies am vorteilhaftesten für sich allein im stillen Kämmerlein tun.

Dagegen ergeben sich Vorteile der Gruppe beim Lernschritt des Zielesetzens durch die konstantere Motivation, die dadurch zustandekommt, daß Mängel des einzelnen, bezogen auf bestimmte Ziele, durch die übrigen Gruppenmitglieder ausgeglichen werden. Schwierigkeiten entstehen dann, wenn zwischen den Gruppenmitgliedern keine Übereinstimmung der Interessen vorhanden ist, wenn also der eine z. B. nur wiederholen, der andere aber neuen Stoff, der bisher im Unterricht nur oberflächlich oder gar nicht besprochen wurde, sich aneignen möchte. Auch beim Vorstrukturieren kommt die Gruppe schneller voran, da die Vorkenntnisse aller Mitglieder eingebracht werden und jeder einzelne Spezialist auf einem je anderen Gebiet sein kann. Er wird dann leicht für seinen Bereich ein vorläufiges, allen einleuchtendes Ordnungsschema angeben können, z. B. zur geschichtlichen Entwicklung der sozialen Frage in Deutschland. Es kann allerdings auch passieren, daß durch einen vorzeitigen Gleichlauf eine zu starke Einengung und damit eine unzulässige Konformität, bezogen auf das Problem, entsteht. Dieselbe Einschränkung gilt für das Sammeln und Auswählen von Informationen, wo aber durch Arbeitsteilung im Sinne der Kräfteaddition, durch Spezialisierung und durch Fehlerausgleich der Gruppe Vorzüge zuwachsen. So kann z. B. der eine Schüler sofort sagen, welche Fakten für die Erste Industrielle Revolution in Europa ausschlaggebend waren, während der andere über die wichtigsten Lebensdaten Napoleons genau Bescheid weiß; rasch ist sich dann die Gruppe darüber einig, welche Daten zum Lernprogramm gehören sollen und welche nicht. Beim Lernschritt des Strukturierens kommt es auf den Grad der Komplexität des Problems an. Bei geringer Komplexität erhalten wir in der Gruppe eine konstantere Motivation, können Vorkenntnisse und Schwerpunktwissen günstig eingebracht werden; bei steigender Komplexität ergeben sich in der Gruppe eher Koordinationsprobleme. Die verschiedenen Lösungsstrategien lassen sich dann nicht genügend aufeinander abstimmen, die zu hohe Aktivierung der einzelnen Gruppenmitglieder führt dazu, daß die Situation auseinanderläuft und von keinem einzelnen mehr überblickt werden kann. Beim Lösen von Aufgaben, z. B. beim Beantworten von früheren Prüfungsfragen, kommt der Gruppe wieder die Spezialisierungsmöglichkeit der einzelnen Mitglieder zugute, was allerdings nur dann vorteilhaft ist, wenn nicht geübt werden soll, Aufgaben einzeln zu lösen, ein Umstand, dem oft zu wenig Beachtung geschenkt wird.

Die Fehlersuche zeigt eindeutig die Vorteile der Gruppe: Wenn der eine den Fehler nicht sieht, so findet ihn vielleicht der andere; man kann sich bei der Fehlersuche spezialisieren und damit besondere Vorkenntnisse günstig einbringen; die anderen Gruppenmitglieder können den einzelnen vor „Betriebsblindheit" schützen. Die Mitglieder werden sich gegenseitig, insbesondere bei langer Suche, in ihrer Motivation stützen; das Aufgeben wird dann zum Verstoß gegen die Gruppensolidarität. Auch für die Tätigkeit des Kontrollierens ergeben sich aus der Gruppe Vorteile durch gegenseitiges Abfragen, durch Fehlerausgleich und durch das Schwerpunktwissen. Die Kontrolle wird zum aktiven Lernprozeß für den Fragenden und den Befragten; dem Zuhörer ergibt sich die Möglichkeit der Bestätigung eigenen Wissens oder des Eingreifens zur weiteren Klärung eines Sachverhalts.

Schließlich ist es klar, daß das wichtige übergeordnete Lernziel „Kommunikation üben" nur in Kleingruppen erreicht werden kann, in denen jedes Mitglied nicht nur eine echte Chance hat, zu Wort zu kommen, sondern sozusagen zur Kommunikation gezwungen wird, für einen schüchternen, in sich gekehrten Schüler vielleicht der wichtigste Lernprozeß bei der gemeinsamen Vorbereitung der Gruppe auf die mündliche Prüfung.

Glossar

Äquilibration: Herstellung eines Gleichgewichts, eines Ausgleichs
Akkommodation: Angleichung, Anpassung; in der Lerntheorie PIAGETs: Anpassung der kognitiven Strukturen an die Umweltgegebenheiten
Ambiguität: Widersprüchlichkeit
Assimilation: Angleichung, Anpassung; in der Lerntheorie PIAGETs: Anpassung von Umwelterfahrungen an die kognitiven Strukturen
Assoziation: gedankliche Verknüpfung oder Verbindung
Attribuierung: Zuschreibung von bestimmten Gründen für ein Verhalten
autochthon: an Ort und Stelle entstanden; im Zusammenhang mit BRUNERS Wahrnehmungshypothese: von Geburt an vorhanden, nicht erlernt
Autorität: Ansehen, Würde und Machtbefugnis von übergeordneten Personen oder Instanzen

Behaviorismus: eine Richtung in der Psychologie, die sich nur mit dem äußeren, beobachtbaren Verhalten befaßt und Psychologie im Sinne einer exakten Naturwissenschaft zu betreiben versucht

Charisma: außergewöhnliche Ausstrahlung und Einflußkraft eines Menschen

Desensibilisierung: das Unempfindlichmachen gegenüber Reizen, vor denen man Angst hat oder Widerwillen empfindet
Diagnostik: Bestimmung von Unterscheidungsmerkmalen
Differenzierung: Unterscheidungen treffen
Dirigismus: Lenkung, Bevormundung
Diskrimination: Diskriminierung → Differenzierung
Dominanz: Überordnung

empirisch: auf Erfahrungen beruhend; überprüfbar
expansiv: sich ausbreitend
Experiment: systematische und wiederholte Überprüfung eines Sachverhalts unter kontrollierten Bedingungen mit dem Ziel, wissenschaftliche Daten zu gewinnen
explorieren: etwas gründlich erfragen
external: außen, nicht in der Person liegend
Extinktion: Löschung
Extraversion: Haltung, die stark auf äußere Reize gerichtet ist; äußert sich z. B. in Kontaktfreude

Felduntersuchung: eine Untersuchung, die Menschen in ihrem normalen Lebensumfeld untersucht und nicht im Labor
Fokussierung: Konzentrierung auf etwas
formell: offiziell, festgelegt
Frustration: Enttäuschung, die man erlebt, wenn man ein angestrebtes Ziel nicht erreicht

Gedächtnismodell: Annahme von diversen Gedächtnisspeichern; soll verdeutlichen, wie Gedächtnisprozesse ablaufen
Generalisation: Generalisierung, Verallgemeinerung
Gestaltgesetze: Gesetzmäßigkeiten, nach denen Wahrnehmungen strukturiert und gegliedert sind
Gestaltpsychologie: eine Richtung in der Psychologie, welche die Strukturierung der Umwelterfahrungen durch das Individuum in den Mittelpunkt stellt
Gruppendynamik: Lehre von den persönlichen Beziehungen innerhalb einer Gruppe und von den Übungen, mit deren Hilfe sich die Beziehungen verändern lassen
Gruppenstruktur: formelle und informelle Beziehungen zwischen Mitgliedern einer Gruppe

Homöostase: Gleichgewichtszustand, der durch physiologische Kreisprozesse erreicht wird
Hospitalismus: Entwicklungsstörungen, die auf das Fehlen einer konstanten Bezugsperson zurückzuführen sind
Hypothalamus: Hirnanhangdrüse, im Zwischenhirn gelegen
Identifikation: sich in einen anderen Menschen hineinversetzen und seine wesentlichen Einstellungen und Verhaltensweisen übernehmen
Identität: Gefühl von der Einmaligkeit und Kontinuität der eigenen Person
implizit: eingeschlossen, unausgesprochen
informell: inoffiziell; nicht festgelegt
Instinkt: angeborene Verhaltensweise, die durch bestimmte Reize ausgelöst wird
intentional: beabsichtigt, zielstrebig
Interaktion: eine Handlung, die sich zwischen Menschen abspielt
Interferenz: Überlappung; gegenseitige Störung
internal: in der Person liegend
Internalisierung: Verinnerlichung von Werten und Normen
Introspektion: Selbstbeobachtung; Beobachtung der eigenen Gedanken und Gefühle
Introversion: Haltung, die stark auf die eigene Innenwelt gerichtet ist; äußert sich z. B. in Kontaktscheu
Irreversibilität: Nicht-Umkehrbarkeit
Isomorphismus: Lehre von der Strukturgleichheit zwischen den Objekten der Außenwelt und kortikalen Vorgängen
Kognition: Erkenntnis, die durch Wahrnehmen oder Nachdenken zustandekommt
kognitiv: erkennend
Kommunikation: Weitergabe oder Austausch von Informationen zwischen Sender und Empfänger
konditionieren: ein Lebewesen dazu bringen, daß es unter bestimmten Voraussetzungen ein bestimmtes Verhalten zeigt
Konditionierung, instrumentelle: ein Lernvorgang, der dazu führt, daß ein Verhalten aufgrund von Verstärkungen häufiger auftritt; das Verhalten wird zum Instrument, um die Verstärkung zu erlangen

Konditionierung, klassische: ein meist unbeabsichtigter Lernvorgang, der dazu führt, daß ein reflexhaftes Verhalten auf Reize folgt, die dieses Verhalten ursprünglich nicht hervorriefen
Konformität: weitgehende Anpassung an geltende Normen
Konsens: Übereinstimmung
Konstanzphänomen: Objekte werden als gleichbleibend wahrgenommen, obwohl die physikalischen Reize, die von ihnen auf die Sinnesorgane einwirken, sich ständig ändern
Konstrukt, hypothetisches: etwas, dessen Existenz man unterstellt, um eine nachfolgende Reaktion zu erklären
Kontiguität: zeitliche und räumliche Nachbarschaft von zwei Reizen
Kontrolle, soziale: Druck, den Gruppenmitglieder untereinander ausüben, damit die Normen innerhalb der Gruppe eingehalten werden und abweichendes Verhalten unterbleibt
kortikal: die Gehirnrinde betreffend
Läsion: Zerstörung
latent: verdeckt
Legitimation: Berechtigung
Lernen, beiläufiges: unbeabsichtigtes Lernen, das so nebenher verläuft
Lernen, einsichtiges: Lernen, das Verstehen einschließt
Lernen, exemplarisches: Lernen anhand von Beispielen, die kennzeichnend für ein Gebiet oder einen Sachverhalt sind
Lernen, programmiertes: selbstgesteuertes Lernen mit Hilfe eines Programms, das in kleinen Lernschritten vorgeht und sofort Rückmeldungen gibt, ob eine Antwort richtig oder falsch ist
Lernhemmung: Lernstörung, die durch die Ähnlichkeit des zu lernenden Stoffes entsteht
Lerntechniken: Techniken, wie man möglichst effektiv etwas lernt
Lerntheorie, assoziative: beschreibt Lernen als Gedankenverknüpfung zwischen den Elementen des zu erlernenden Sachverhalts; lernen, indem man sich etwas einpaukt

Lerntheorie, kognitive: beschreibt Lernen als einen Vorgang, bei dem man Einsicht in die Struktur eines Sachverhalts gewinnt; lernen, indem man etwas versteht

Motiv: innerer Beweggrund, der das Verhalten in Gang setzt und seine Richtung, sein Ziel bestimmt

Motivation: die aktuellen Neigungen eines Menschen, die sich aus zugrundeliegenden Motiven und den äußeren Anregungsbedingungen ergeben

Motivation, extrinsische: man ist geneigt, etwas zu tun, weil man damit ein bestimmtes Ziel erreichen will

Motivation, intrinsische: man ist geneigt, etwas um seiner selbst willen zu tun

Nachahmungslernen: Lernen, indem man andere Menschen beobachtet und nachahmt

Nervensystem, autonomes: auch vegetatives Nervensystem; steuert die körperlichen Vorgänge, die nicht dem Willen unterworfen sind

Nervensystem, vegetatives: autonomes Nervensystem

nonverbal: nicht-sprachlich

Norm: Regel, Vorschrift; oft informell

Operationalisierung: Übersetzung eines abstrakten Begriffs in konkrete Verhaltensweisen

Orientierungsreaktion: erste, aufmerksame Hinwendungsreaktion auf einen neuen Reiz

Origin (engl.): Urheber; ein Mensch, der sein Schicksal selbst in die Hand nimmt

Phylogenese: Stammesentwicklung

Physiognomie: Gesichtszüge und Körpergestalt

Physiologie: Wissenschaft von den Lebensvorgängen in Zellen, Geweben und Organen

Prägnanz: Klarheit, Eindeutigkeit, Genauigkeit

Proband (Abk. Pb): Mensch, der an einer psychologischen Untersuchung teilnimmt; auch: Versuchsperson

Projektion: eigene uneingestandene Neigungen werden anderen Menschen zugeschrieben

Psychiatrie: Lehre von der Entstehung, Diagnose und Heilung besonders schwerer psychischer Erkrankungen

Psychoanalyse: Lehre von der Bedeutung des Unbewußten für das menschliche Erleben und Verhalten; Therapie, die auf eine Bewußtwerdung unbewußter Inhalte abzielt

Psychophysik: Lehre von den physikalischen Reizstärken und Reizunterschieden, die man gerade noch wahrnimmt

Psychosomatik: Lehre von den Körpererkrankungen, die eine psychische Ursache haben

Psychotherapie: Behandlung psychischer Probleme mit psychologischen Mitteln, d. h. vor allem mit Gesprächen und weitgehend ohne Medikamente

Reflex: unwillkürliche, automatische Reaktion des Organismus auf einen inneren oder äußeren Auslösereiz

Reflex, bedingter: Reflex, der auf Grund eines Lernprozesses auf einen ursprünglich neutralen Reiz folgt

Reflex, unbedingter: Reflex, der angeborenerweise auf einen natürlichen Auslösereiz folgt

Reflexion: Nachdenken, Überlegung

Reifung: Entfaltung von Anlagen, die ohne Lernen stattfindet; beschränkt sich beim Menschen auf körperliche Prozesse, z. B. Wachstum, Zahnwechsel

Response (engl.): Antwort, Reaktion

rezeptiv: mit den Sinnen aufnehmend; hinnehmend

Rezeptor: Reizempfänger; Sinneszelle

Rolle: Verhaltenserwartungen, die an den Inhaber einer bestimmten Position gerichtet werden

Sakkade: kurze Augenbewegung

Sanktion: Gegenmaßnahme zur Korrektur des Verhaltens

schizoid: Persönlichkeitsstruktur, deren Hauptmerkmal in der Distanzierung gegenüber anderen Menschen besteht

Glossar

Schwellenwert: der physikalische Wert, der erforderlich ist, um einen Reiz oder den Unterschied zwischen zwei Reizen gerade eben zu bemerken
Selektion: Auswahl
signifikant: bedeutsam; nicht mehr durch Zufall zu erklären
Sozialisation: der Entwicklungsvorgang, der sich durch die Einwirkung der Umwelt auf das Individuum ergibt
Soziogramm: Zeichnung, welche die Beziehungen zwischen Gruppenmitgliedern darstellt
Soziomatrix: Tabelle, welche die Beziehungen zwischen Gruppenmitgliedern wiedergibt
Soziometrie: Methoden zur Erfassung der Beziehungen zwischen Gruppenmitgliedern
Standardisierung: Vereinheitlichung
Status: Ansehen
Stereotypen: feste Bilder oder Klischees, die man von sich und anderen Menschen hat
Stimulus: Reiz
Strukturen, kognitive: Wahrnehmungs-, Denk- und Gedächtnisstrukturen

Substitution: Ersatz; Austausch
Symptom: Anzeichen
Tachistoskop: Gerät, mit dem man optische Reize für Sekundenbruchteile vorführen kann
Transfer: Übertragung
Transzendenz: der die sinnlich erfaßbare Welt übersteigende Bereich
Trieb: angeborenes, körperlich begründetes Bedürfnis, das den Organismus zu einem bestimmten Verhalten veranlaßt
Triebderivat: Triebabkömmling; etwas, das aus einem Trieb abgeleitet wird
umstrukturieren: einem Sachverhalt eine neue Ordnung, einen neuen Aufbau geben
unbewußt: im Gedächtnis gespeichert und als Erfahrung wirksam, was man aber nicht weiß und woran man sich auch nur schwer erinnern kann
Verstärkung: ein Reiz, der bewirkt, daß das vorausgegangene Verhalten häufiger auftritt
Vp(n): Versuchsperson(en)

Empfohlene Literatur

Die folgenden Bücher vermitteln einen Einblick in grundlegende Fragen der Psychologie. Sie können als Vertiefung, Ergänzung und Erweiterung gelesen werden und eignen sich für die Oberstufenbücherei.

1. Allgemein

Hofstätter, Peter R.:	Psychologie, Frankfurt 1975
Legewie/Ehlers:	Knaurs moderne Psychologie, Freiburg 1978
Mietzel, Gerd:	Wege in die Psychologie, Stuttgart 1979
Wagner, Ingeborg:	Psychologie. Eine Einführung, Gütersloh 1983

2. Wahrnehmung

Jahnke, Jürgen:	Interpersonale Wahrnehmung, Stuttgart 1975
Krech, Crutchfield u. a.:	Grundlagen der Psychologie Bd. 2, Wahrnehmungspsychologie, Weinheim 1985
Seiffge-Krenke, Inge:	Arbeitsbuch Psychologie Bd. 2, Wahrnehmen, 1981
Simon, Seymour:	Schau genau – 99 Augenspiele mit optischen Täuschungen, Würzburg 1984

3. Lernen

Angermeier, Wilhelm u. a.:	Lernpsychologie, München 1984
Eigler, Gunther u. a.:	Grundkurs Lehren und Lernen, Weinheim 1975
Groß, Engelbert:	Lernen (Begriff, Bedingungen, Theorien), Düsseldorf 1978
Joerger, Konrad:	Einführung in die Lernpsychologie, Freiburg 1976
Piel, Walter:	Kleines Lehrbuch der Lernpsychologie, Braunschweig 1977

4. Motivation

Brenner, Charles:	Grundzüge der Psychoanalyse, Frankfurt 1967
Freud, Anna:	Das Ich und die Abwehrmechanismen, München o. J.
Krech, Crutchfield u. a.:	Grundlagen der Psychologie Bd. 5, Motivations- und Emotionspsychologie, Weinheim 1985
Riemann, Fritz:	Grundformen der Angst, München 1979
Ulich, Dieter:	Das Gefühl, München 1982

5. Gruppe

Battegay, Raymond:	Der Mensch in der Gruppe, Bern/Stuttgart/Wien 1974
Fengler, Jörg:	Verhaltensänderung in Gruppenprozessen, Heidelberg 1975
Hofstätter, Peter R.:	Gruppendynamik, Hamburg 1972
Machwirth, Eckart:	Die Gruppe als pädagogisches Feld, Düsseldorf 1975

Literaturverzeichnis

Arnold, M. B.: Emotion and Personality; in: Psychological Aspects, vol. 1, New York 1960

Asch, S. E.: Forming Impressions of Personality; in: Journal of abnormal psychology and social psychology 41, 1946, 258 – 290

Attneave, F.: Some informational aspects of visual perception; in: Psychological Review 61, 1954, 183 – 193

Bandura, A.: Lernen am Modell; Ansätze zu einer sozial-kognitiven Lerntheorie, Stuttgart 1976

Bossong, B.: Motivationsförderung in der Schule, Weinheim und Basel 1979

Bruner, J. S., Goodman, C. C.: Values and need as organizing factors in perception; in: Journal of abnormal psychology and social psychology 42, 1947, 33 – 44

Bruner, J. S., Postman, L. J.: On the perception of incongruity: a paradigm; in: Journal of personality 18, 1949, 206 – 223

Cannon, W. B.: The wisdom of the body, New York 1932

Darwin, Ch.: The origin of species, London 1859 (dt.: Die Entstehung der Arten durch natürliche Zuchtwahl, Leipzig o. J.)

Darwin, Ch.: The expressions of the emotions in man and animals, London 1872 (dt.: Der Ausdruck der Gemütsbewegungen bei dem Menschen und den Tieren, Stuttgart 1896)

Dornbusch, S. M., Hastorf, H. H., Mazzy, R. E., Vreeland, R. S.: The Perceiver and the Perceived: Their Influence on the Categories of Interpersonal Cognition; in: Journal of personalitiy and social psychology, 1965, 434–440

Ebbinghaus, H.: Über das Gedächtnis. Untersuchungen zur experimentellen Psychologie, Darmstadt 1971

Elhardt, S.: Tiefenpsychologie, Stuttgart [10] 1986

Etzel, B. C., und Gewirtz, J. L.: Extinction of crying with reinforcement of eye contact and smiling, in: Journal of child psychiatry 5, 1967, 303–317

Eysenck, H. J.: The biological basis of personality, Springfield, Illinois 1977

Fechner, G. Th.: In Sachen der Psychophysik, Leipzig 1877

Frank, H.: Kybernetische Grundlagen der Pädagogik, Baden-Baden 1962

Freud, A.: Das Ich und die Abwehrmechanismen, München o. J.

Hartley, E. L. u. R. E.: die Grundlagen der Sozialpsychologie, Berlin [2]1969

Heckhausen, H.: Motivation und Handeln, Berlin 1980

Heider, F.: The psychology of interpersonal relations, New York 1958 (dt.: Psychologie der interpersonalen Beziehung, Stuttgart 1977)

Helmholtz, H. v.: Handbuch der physiologischen Optik, Leipzig 1867

Hering, E.: Grundzüge der Lehre vom Lichtsinn, Berlin 1920

Hofstätter, P. R.: Gruppendynamik. Kritik der Massenpsychologie, Reinbek 1972

Homans, G. C.: Theorie der sozialen Gruppe, Köln/Opladen [5]1970

Hubel, D. H., Wiesel, T. N.: Receptive fields, binocular interaction and functional architectures in the cat's visual cortex; in: Journal of physiology 160, 1962

James, W.: What is emotion? in: Mind 9, 1884, 188–205

Köhler, W.: Die physischen Gestalten in Ruhe und im stationären Zustand, Erlangen 1920
Köhler, W.: Intelligenzprüfungen an Menschenaffen, Berlin ³1973
Köhler, W.: Held, R.: The cortical correlate of pattern vision; in: Science 110, 1949, 414–419
Koffka, K.: Principles of Psychology, London 1935
Lange, C. G.: Über Gemütsbewegungen, Leipzig 1887
Lazarus, R. S.: Psychological Stress and the Coping Process, New York 1966
Lepper, M. R., Greene, D., Nisbett, R. E.: Undermining children's intrinsic interest with extrinsic rewards; in: Journal of personality and social psychology 28, 1973, 129–137
Lewin, K.: Feldtheorie; in: Kurt Lewin Werkausgabe, Hg. Graumann, C. F., Bd. 4, Stuttgart 1982
Maslow, A. H.: Motivation and Personality, New York 1954
Maslow, A. H.: Various meanings of transcendence; in: Journal of Transpersonal Psychology 1, 1968, 56–66
McClelland, D. C.: Motivating economic achievement, New York 1969
McDougall, W.: Social Psychology, London 1908 (dt.: Grundlagen einer Sozialpsychologie, Jena 1928)
Mayo, Elton: The Human Problems of an Industrial Civilization, New York 1933
Metzger, W.: Gesetze des Sehens, Frankfurt 1953
Milgram, St.: Das Milgramexperiment. Zur Gehorsamsbereitschaft gegen Autoritäten, Reinbek 1976
Moreno, J. L.: Die Grundlagen der Soziometrie. Wege zur Neuordnung der Gesellschaft, Opladen ³1974
Mowrer, O. H.: Learning theory and behavior, New York 1960
Neisser, U.: Cognition and reality, San Francisco 1976 (dt. Kognition und Wirklichkeit, Stuttgart 1979)
Pawlow, I. P.: Auseinandersetzung mit der Psychologie, München 1973
Piaget, J.: Die Äquilibration der kognitiven Strukturen, Stuttgart 1912

Portmann, A.: Zoologie und das neue Bild des Menschen, Hamburg 1956
Pribram, K.: Hologramme im Gehirn; in: Psychologie heute 10, 1979, 33–42
Riemann, F.: Grundformen der Angst, München 1975
Rosenthal, R., Jacobson, L.: Pygmalion im Unterricht, Weinheim 1971
Schachter, S., Singer, J. E.: Cognitive, Social and Physiological Determinants of Emotional State; in: Psychological Review 69, 1962, 379–399
Sherif, M.: Group conflict and cooperation, London 1966
Skinner, B. F.: Was ist Behaviorismus? Hamburg 1973
Spitz, R.: Hospitalismus I und II: Die anaklitische Depression; in: Bittner, G., Schmid-Cords, E. (Hrsg.): Erziehung in früher Kindheit, München 1968, 77–135
Tausch, R. u. A.: Erziehungspsychologie. Psychologische Prozesse in Erziehung und Unterricht, Göttingen ⁶1972
Thorndike, E. L.: The Fundamentals of Learning, New York 1932
Tuckman, B. W.: Development sequence in small groups; in: Psychological Bulletin 63, 1965, 384–389
Uexküll, J. v., Kriszat, G.: Streifzüge durch die Umwelten von Tieren und Menschen, Hamburg 1956
Walster, E., Walster, G., Berscheid, E.: Equity, Theory and Research, Boston 1978
Watson, J. B., und Rayner, R.: Conditioned emotional reactions; in: Journal of experimental psychology 3, 1920, 1–14
Weber, E. H.: De pulsu, resorptione, auditu et tactu: annotationes anatomicae et physiologicae, Leipzig 1834
Wertheimer, M.: Drei Abhandlungen zur Gestalttheorie, Erlangen 1925
Wertheimer, M.: Productive thinking, New York 1945 (dt.: Produktives Denken, Frankfurt/M. 1957)
Wolpe, J.: Praxis der Verhaltenstherapie, Bonn 1974
Wundt, W.: Beiträge zur Theorie der Sinneswahrnehmung, Leipzig 1863
Wundt, W.: Das Institut für experimentelle Psychologie zu Leipzig, Leipzig 1910

Literaturverzeichnis

Yerkes, R. M., Dodson, J. D.: The relation of strength of stimulus to rapidity of habit formation; in: Journal of comparative neurology and psychology 18, 1908, 459–482

Zimbardo, P. G., Formica, R.: Emotional comparison and self-esteem as determinants of affiliation; in: Journal of personality 31, 1963, 141–162

Zimbardo, P. G.: Psychologie, Berlin ^{4}1983

Quellenverzeichnis der Abbildungen

Abb. 4, 10:   Schober/Rentschler: Das Bild als Schein der Wirklichkeit, München 1972, S. 67, S. 43

Abb. 7:   Street, R.: A Gestalt Completion Test. Teachers' College Columbia University, New York 1931

Abb. 9:   Gottschaldt, K.: Psychologische Forschung 8, 1926, S. 261

Abb. 21, 22, 23:   Mietzel, G.: Pädagogische Psychologie, Göttingen 1975, S. 293, S. 304, S. 319

Abb. 24, 27:   FIM-Psychologie-Modellversuch: Lern- und Studientechniken, Kapitel 1, Abb. 1.21 und 4.4, Erlangen 1981

Abb. 26:   Nach DIN 4549, 4551 und 4552

Alle übrigen Abbildungen wurden von den Verfassern nach allgemein bekannten Vorlagen selbst entworfen.